Klaus Müller
Shakespeare für Angeber

Klaus Müller

Shakespeare für Angeber

Pattloch

Für Helmut

Die Deutsche Bibliothek - CIP-Einheitsaufnahme

Ein Titelsatz für diese Publikation ist bei
Der Deutschen Bibliothek erhältlich

Illustrationen: Klaus Müller
Umschlaggestaltung: Daniela Meyer, Pattloch Verlag, München,
unter Verwendung einer Illustration des Autors
Satz und Layout: Daniela Meyer, Pattloch Verlag, München
Druck und Bindung: GGP Media, Pößneck
Printed in Germany

ISBN 3-629-00207-2

Inhalt

Urlaubsgrüsse von Calibans Insel

„Noch einen Wunsch, Meister?" Caliban, der Clubchef, steht neben meiner Sonnenliege und grinst. Ich verneine und wende mich wieder meinen Postkarten zu. „Wie ist die Stimmung, Meister? No fun, no love, no nette friends?" Caliban lacht und stellt einen exotisch geschmückten Drink neben mich in den Sand. „Vertreibt Dämonen! Ein Magic-Island-Cocktail, Haus-Spezialität …" Ich verziehe das Gesicht: „Danke, aber …" Calibans Augen funkeln. „Nix aber, warum bist du hier, Meister? Think pink and have a drink!"

Ich seufze. Das ist er also, der ersehnte Traumurlaub auf einer Trauminsel, entdeckt im Prospekt „Prosperos Reisen", Calibans Club, all inclusive, Sonnengarantie, unberührte Sandstrände, Meeresrauschen als Seelentherapie, Lebensfreude pur … Stimmt alles, nur frage ich mich, ob dieser traumhafte Cluburlaub zu einem eingefleischten Grübler wie mir passt, der höchstens seine durchtrainierte Waschbrettstirn zur Schau stellen kann. Caliban hockt sich hin und spielt mit seiner Muschelkette. Ich nippe am Magic-Island. „Gut?" – „Ja, danke." Ich nehme einen größeren Schluck. Kleine Sterne explodieren in meinem Kopf. Er ist ein durchtriebener Wilder, denke ich, muss aber plötzlich lachen, völlig grundlos. Der Cocktail arbeitet sich zügig durch meine Gehirnwindungen. *„O wackrer Apotheker! Dein Trank wirkt schnell"*, zitiere ich Shakespeare.

„Und so im Kusse sterb ich", vollendet Caliban überraschend Romeos letzte Worte und brummt: „Der war auch hier. Ein trauriger Typ." Ich stutze. „Romeo?" – „Nein, Willie-Boy. War hier gestrandet. Saß traurig herum wie du und hat gedichtet, immer mit Blick aufs Meer. Zum Beispiel eben der Spruch, Romeos Ende in der Gruft neben der toten Julia. Die Zeilen hat er geschrieben, wo du jetzt liegst:

Oh, hier bau ich die ew'ge Ruhstatt mir
Und schüttle von dem lebensmüden Leibe
Das Joch feindseliger Gestirne …

Aber gebaut hat er nur Sandburgen. Wenn ich ihm einen Magic-Island gebracht habe, hat er ihn genommen wie Romeo sein Giftfläschchen:

Verzweifelter Pilot! Nun treibt auf einmal
Dein sturmerkranktes Schiff in Felsenbrandung!
Dies auf dein Wohl, wo du auch stranden magst!
Dies meiner Lieben …

und dann das berühmte:

O wackrer Apotheker. Was haben wir gesoffen!"

Ich schiele misstrauisch durchs Cocktailglas. „Shakespeare ist seit fast vierhundert Jahren tot!" Caliban senkt seinen Blick. „Genau. Du verstehst? It's magic. Ich bin Sohn einer Hexe. Mama Sycorax hat ihm die Insel gezeigt, er hat sie betrogen, ich war sein Sklave. Zwölf Jahre lang. Dann Independance Day. Ich bin seitdem King of the Island. Warte, ich beweis dir's …"

Caliban verschwindet in der Clubanlage. Ich bleibe wie betäubt liegen. Als er zurückkommt, trägt er eine verbeulte Krone und präsentiert mir stolz eine monströse Lederschwarte. Ich schlage den brettharten Buchdeckel auf und lese:

MR. WILLIAM
SHAKESPEARES
COMEDIES,
HISTORIES, & TRAGEDIES.
Published according to the True Original Copies.
LONDON
Printed by Isaac Iaggard and Ed. Blount, 1623

Es ist das Titelblatt der ersten Ausgabe von Shakespeares gesammelten Werken. Es zeigt ein Porträt des Künstlers mit einem Spitzenkragen, auf dem der Glatzkopf wie auf einem Tablett liegt. Ein etwas steifer Stich von Martin Droeshout. Will Shakespeare, ein alter Freund meines Ferienanlagenkönigs? Caliban schlägt die nächsten Seiten auf und deutet auf den Titel des ersten Stücks: *The Tempest – Der Sturm,* eines der letzten Stücke Shakespeares, das aber die Ehre hat, den Sammelband zu eröffnen. Caliban blättert weiter und tippt mit dem Zeigefinger auf eine Zeile:

You taught me language; and my profit on 't
Is, I know how to course: the red plague rid you…
For learning me your language!

(„Hab ich zwar nie gesagt, ist aber ein guter Spruch:")

Ihr lehrtet Sprache mir, und mein Gewinn
Ist, dass ich weiß zu fluchen. Hol die Pest euch
Fürs Lehren eurer Sprache!

„Starker Autor! Bin bei ihm ein Ungeheuer, der einzige Ureinwohner einer Mittelmeerinsel, ein Wilder. Caliban gleich Kannibale, du verstehst? Schwer erziehbar. Diener vom Prospero, der ist ein ausgebooteter Manager aus Mailand, ein Zauberer, mächtiger als meine Mama Sycorax. Bin im Stück auch ein Supersexmonster, will Prosperos Tochter Miranda vergewaltigen, aber der Alte kommt dazwischen, ich ab in den Felskerker, Strafe Feuerholz holen, volle action. Ist natürlich alles fiction."

Caliban wirft eine Handvoll Sand in die Luft. Ein Wind kommt auf und blättert in den Seiten des Buches. „Rate mal, wer dieser Prospero in Wahrheit ist?" Die Windböen werden stärker, die See schäumt auf, das Wetter hält sich an die Regieanweisung und bauscht sich zum Sturm auf. Caliban antwortet sich selbst. „Will Shakespeare, genau, der

‚sweet swan of Avon'. Von wegen süßer Schwan, ein schräger Vogel war das. Sein Fabeltier der Poesie ist nicht Pegasus, sondern eine geflügelte Sau."

Ich blicke hinaus aufs Meer, das unermüdlich Gebirge bildet und wieder einstürzen lässt. Weit draußen entdecke ich ein Schiff, das mit den Wellen kämpft. Fasziniert beobachte ich die sich anbahnende Tragödie und Caliban beginnt zu singen. Ein Wellenberg – und das Schiff taucht nicht mehr auf. Schiffbruch! Mit Zuschauer. Herrlich, das Ur-Theater schlechthin: vom sicheren Festland aus ein wildes Schauspiel verfolgen zu können …

Der Sturm ergreift das Zauberbuch, wühlt sich durch tausend Seiten, wirbelt durch Shakespeares Dramen, schleudert immer neue Schiffskatastrophen heraus: Fräulein Viola strandet an Illyriens Küste und *Was ihr wollt* beginnt. Antonio, *Der Kaufmann von Venedig* muss um seine Handelsflotte bangen, an deren wirtschaftlichem Erfolg buchstäblich sein Leben hängt. Der Sturm geht übers Land, treibt den greisen *König Lear* über die Heide und lässt die Hexen über Schlachtfelder zu *Macbeth* reiten. So fährt der Sturm über das Papier und Sätze fliegen auf, bekannte Zitate, fremdvertraute Verse, Figuren flattern wie Luftgeister um mich her, Dolche regnen nieder, Kronen leuchten auf wie Blitze, Herzen, Kerzen, Tränen, Throne – eine gigantische Requisitensammlung detoniert, und Caliban singt:

Ban, ban, Ca – Caliban
Hat zum Herrn einen andern Mann:
Schaff einen neuen Diener dir an.
Freiheit, heißa! Heißa, Freiheit! Freiheit, heißa! Freiheit!

Als ich die Augen wieder aufschlage, haben sich die Elemente beruhigt. Die Sonne brennt, meine Haut glüht, mein Schädel brummt. Der Cocktail hatte es in sich. Die

Ansichtskarten liegen noch immer da und warten auf ihre Standardformeln. Ich schaue mir eine Luftaufnahme der Insel an. Sie ähnelt entfernt einem Fragezeichen. Ihr Name ist Utopia, sozusagen eine „griechische“ Insel, ou-topos, Nicht-Ort, Nirgendwo. Trauminsel der Idealisten. Eine andere Karte zeigt die lachenden einheimischen Clubangestellten, in ihrer Mitte Caliban. Inselkönig, Hexensohn, Shakespeares vierhundertjähriger Saufkumpel – ein alter Angeber, nichts weiter.

O brave new world / That has such people in 't!
Wackre neue Welt / Die solche Bürger trägt!
(Der Sturm V, 1)

Ich danke Caliban für die Inspiration, dem Verlag für die vertrauensvolle Chance zu diesem Buch, meiner Lektorin Melanie Gutschker für die Mühen der Korrektur und meinem Freund Helmut Schuierer für den Tipp-Marathon am PC.
Zitiert wurde, wenn nicht anders vermerkt, nach der Schlegel/Tieck/Baudissin-Übersetzung von 1843/44. Die römischen Ziffern bezeichnen den Akt, die arabischen die Szene.
Allen Angebern viel Erfolg mit den aufgewirbelten und eingefangenen Zitaten! – Shakespeare, das ist „Kaviar für das Volk“ *(Hamlet, II, 2).*

Mit herzlichen Urlaubsgrüßen von Calibans Insel,
Ihr Klaus Müller.

I. Get the Shakespeare-feeling

Die ganze Welt ist eine Bühne

Viele machen es heimlich, einige offen und selbstbewusst, die meisten wahrscheinlich, ohne sich darüber klar zu sein. Wir machen es allein vor unserem Badezimmerspiegel und vor aller Augen im Spiegel der Öffentlichkeit. Wir machen es im Bett wie im Büro, werk-, sonn- und feiertags und bei jedem Wetter. Quietschbunte Zwerge im Sandkasten machen es genauso raffiniert wie dunkelbetuchte Wirtschaftsriesen bei Fusionsverhandlungen. Vermutlich machen wir es traumverloren schon in der Gebärmutter, und wenn wir es später am liebsten in rotsamtenen Theaterhöhlen machen, kommt es vielleicht daher, dass sich etwas in uns an diese ersten Lebens-Vorstellungen erinnert. Wir machen es vom ersten Auftritt an, solange bis der letzte Vorhang fällt. Wir alle machen uns was vor. Wir alle spielen Theater.

Wir spielen immer, wer es weiß, ist klug.
(Arthur Schnitzler)

Schon sind wir bei jenen goldenen Worten, die das erste absolute Muss für jeden Shakespeare-Angeber sind:

Die ganze Welt ist eine Bühne
und alle Frau'n und Männer bloße Spieler.

Sie treten auf und gehen wieder ab,
Sein Leben lang spielt einer manche Rollen
Durch sieben Akte hin …

Nun folgt eine satirische Liste der Lebensalter, vom winzigen Schrei- bis zum tatterigen Geizhals.

… Der letzte Akt, mit dem
Die seltsam wechselnde Geschichte schließt,
Ist zweite Kindheit, gänzliches Vergessen
Ohn Augen, ohne Zahn, Geschmack und alles.
(Wie es euch gefällt II, 7)

Zugegeben, originell an Shakespeares Kurzfassung des typischen Lebenslaufs eines Engländers ist gerade nicht sein berühmter Startschuss *„All the world's a stage …"*, sondern vielmehr die Art und Weise in der der traurige Irrsinn eines Lebenszirkels beschrieben wird: Dass wir uns täuschen, wenn wir glauben unsere Rollen wären Räder des Erfolgs. Wir fahren nur im Kreis herum, von der ersten zur zweiten Kindheit. Auftritt, Abgang – that's it.

Die Beschreibung der Welt als Bühne wird nach und nach das erste Shakespeare-feeling wachkitzeln. Es ist von Grund auf spielerisch, unmoralisch, souverän, schurkisch, wirtschaftlich erfolgreich, tief melancholisch, spleenig, verrückt, verliebt und alles in allem so fantasievoll, dass man gar nicht anders kann, als damit anzugeben. Ungeduldige können jetzt die Lektüre unterbrechen und versuchsweise zur Angeberpraxis übergehen.

Das Weltbühnenzitat eignet sich hervorragend zum Standard-Kommentar, da es jede Form der Wirklichkeit, auch die unerträglichste, als Spiel erscheinen lässt. Wer es

anwendet, zeichnet sich durch ironische Distanz zum Ernst des Lebens aus und tritt auch der heikelsten Situation als tragischer Held gegenüber, der die Rollenverteilung des Schicksals akzeptiert.
Zum Beispiel: Sie bleiben mit Ihrem Wagen auf einer vielbefahrenen Kreuzung liegen. Sie ignorieren das Hupkonzert, steigen aufs Autodach und erheben ihre Stimme: „Die ganze Welt ist eine Bühne etc." Oder Ihre unangenehme Aufgabe als Flugzeugführer ist es, trotz brennender Triebwerke keine Panik aufkommen zu lassen. Sie sagen: „Meine Damen und Herren, bitte stellen Sie das Rauchen ein, legen Sie Ihre Sauerstoffmasken an und bedenken Sie: Die ganze Welt ist eine Bühne etc." Hätte Shakespeare einen seiner Verse mit einer universalen Gebrauchsgarantie auszeichnen wollen, er hätte diesen gewählt. Probieren Sie ihn aus!
Denken Sie an die fiktiven Angeber-Situationen (Breakdown Ihres Wagens, drohender Flugzeugabsturz)! Was halten Sie von folgender: Sie werden zusammen mit Ihrem Chef bei der feindlichen Übernahme Ihrer Firma durch den Bruder Ihres Chefs gefeuert. Gemeinsam mit Ihrem Ex-Chef müssen Sie ein unbefristetes Managerseminar für arbeitslose Führungskräfte absolvieren, ein Überlebenstraining in einem obskuren Waldgebiet, in dem sich allerlei verrücktes Volk herumtreibt. Sie haben mit Müh und Not eine Mahlzeit aus Früchten beisammen, da werden Sie überfallen: Ein ausgehungerter Ex-Jungmanager, vom eigenen Bruder hinausgemobbt, will Ihnen die Beeren wegfuttern. Ihr Ex-Chef zeigt Verständnis für den Mundraub und sagt zu Ihnen: *„Hier, auf dem weiten, weltumspannenden Schauplatz, sind mehr traurige Szenen als die unsere im Spiel."*
Das finden Sie auch und erwidern grundsätzlich: „Die ganze Welt ist eine Bühne etc."
Absurd? Aber genau das ist die Situation, in der die Weltbühnen-Weisheit vom melancholischen Lord Jaques

vorgetragen wird: „*Wie es euch gefällt*“ *(II, 7)*. Jaques ist seinem Herzog in die Verbannung gefolgt und streunt mit diesem durch den Wald von Arden wie durch ein verschattetes Reservat der Schwermut, in dem sich geflohene Höflinge und ihre Geliebten tummeln.

Über Shakespeares Weltbühne zieht der düstere Engel aus Dürers Stich „*Melencolia*“ seine Kreise. Sein Flügelschatten verdunkelt auch das schönste Lebensspiel. Kaum jemand ist frei von dieser Krankheit zum Tode. Hamlet ist der prominenteste Leidensgenosse, der „von der Terrasse seines Schlosses auf Europa blickt, wie auf einen Kontinent der Melancholie“ (Wolf Lepenies; *Melancholie und Gesellschaft*, Frankfurt/M. 1998). Der Narr in *Was ihr wollt* kann dem schwermütigen Herzog Orsino ein Lied davon singen, hopp heißa bei Regen und Wind, dem britischen Klima, in dem Depressionen wunderbar gedeihen. Und Prospero wird sich von seiner Insel verabschieden mit der Aussicht, dass im heimatlichen Mailand jeder dritte Gedanke der Tod sein wird.
Da steckt der Haken: in den Gedanken, die den Willen verstören, wie Hamlet klagt. Das eigentliche Leiden hinter der Melancholie heißt: Denken. Die Doofen genießen ihr Leben. Glück ist gedankenlos. Aber was zur Gattung homo europaeus intellectus gehört, leidet unter seinem Gehirn wie unter einem Geschwür. Melancholiker „grübeln sich ihre eigene Grube“, wie Botho Strauß sagen würde. Melancholiker tragen schwarze Pullis und riechen aus dem Mund. Sie spielen mit Totenköpfen herum und mit Selbstmordgedanken. Sie sind die einzigen, die zum Schönheitschirurgen gehen würden, um sich ein paar zusätzliche Stirnfalten machen zu lassen. Ein Bestseller von 1621 greift zum Skalpell und seziert den Melancholiker: Robert Burtons *Anatomy of Melancholy*. Es ist ein hervorragendes Buch für intellektuelle Angeber – oder, wie Lord Byron

1807 seinem Tagebuch anvertraut, es ist das „nützlichste Buch“ für jemanden, „der mit möglichst geringer Mühe in den Ruf der Belesenheit kommen möchte“. Der gelehrte Pastor Burton, geboren 1577, ist nur 13 Jahre jünger als Shakespeare, dürfte also den Bühnenstars des Trübsinns, Jaques und Hamlet, begegnet sein. Wenn Showbiz-Größen sich heute mit Schwermut schmücken, wenn einem Engländer und Professoren, Grübler und Gruftis verrückt und „spleenig“ vorkommen, der findet bei Burton eine erstaunliche Erklärung. Seine Obduktion des Trauerkloßes fördert neben Zitaten und Anekdoten die Milz zutage. Sie ist als Organ der „melancolia“ bekannt und heißt im 14. Jahrhundert „splen“.

Außer dem Spleen findet Pastor Burton noch folgende melancholische Merkmale: Weltflucht, Reflexionszwang, Handlungshemmung und alles, was wir heute zu den Symptomen der Depression zählen, insbesondere der Verlust des Zeitempfindens und die Eintrübung der Wahrnehmung. Für alles ist die schwarze Galle die Ursache, die laut Hippokrates das fröhliche Blut verderben kann (griechisch: mélas = schwarz, cholé = Galle, ergibt: Melancholie). Sie hat aber auch einen positiven Nebeneffekt – sie macht das Genie, quasi durch Hirndoping (meinte Aristoteles). Das Genie ist chronisch unzufrieden, wodurch es zu Höchstleistungen angetrieben wird. Unzufriedenheit ist der Motor des Fortschritts – und der Produktivität.

Nach dieser Logik war Shakespeare produktiv, weil er genial unzufrieden und melancholisch war. Allerdings behandelt er Melancholiker mit Ironie. Er beschreibt sie als Menschen mit so *„essigsaurem Ausdruck, dass sie ihre Zähne nicht durch Lächeln bloßlegen“* können (*Kaufmann von Venedig* I, 7). Er ist unzufrieden mit den ewig Unzufriedenen – das lässt auf Selbstironie schließen. Und die ist schon ein Gegenmittel zur Schwermut.

Im Medizinschränkchen stehen weitere Antidepressiva: Poesie, Musik, Utopie (heute würde man sagen: positives Denken), Narrheit und natürlich: Liebe – richtig dosiert.

In Shakespeares Weltbühnenspielen klären sich am Ende immer alle Verwechslungen und Intrigen auf. Alles wird gut, wenn die Aufklärung kommt. Das ist die Hoffnung der Komödie. Sie zielt bereits übers wirre Barock hinweg ins ferne Zeitalter der Vernunft. Wir aber bleiben bei Shakespeares Verliebten, Verrückten und Verzweifelten. Warum das schönste Lebensdrama, die Liebe, sich stets zwischen Melancholie und Verrücktheit abspielt, davon singt schließlich ein anderes „Waldstück" – *Ein Sommernachtstraum:*

Verliebte sind wie Narren hitzigen Geistes
Und schwärmerischen Sinnes, der mehr schaut
Als je die kühlere Vernunft begreift.
Mondsüchtige, Verliebte und Poeten
Sind eitel Fantasie. Der eine sieht
Mehr Teufel, als die weite Hölle fasst;
Das ist der Narr. – Der Liebende, nichts klüger,
Sieht ein Zigeunerweib als schöne Helena.
Des Dichters Auge rollt in edlem Wahnsinn,
Misst Himmel, Erde und dann wieder Himmel;
Die Kraft der Einbildung verkörpert ihm
Das Unbekannte, und des Dichters Feder
Gibt allem Form und leiht dem Nichts aus Lust
Auf Erden einen Wohnsitz, einen Namen.
So üppig ist die starke Fantasie –

(V, 1)

Das ist die grandiose Grundsatzerklärung zu Welt und Werk Shakespeares. Sie gilt bis heute. „The lunatic, the lover, and the poet" leiden an ihrem Einbildungsvermögen und können nur von der Realität kuriert werden. Andererseits wird

eine fantasiearme Wirklichkeit nur von ihnen geheilt. Es ist die Fantasie, der große gemeinsame Nenner des Unbenennbaren, die hinter Liebe, Narrheit und Poesie steckt. Die Imagination ist die wesentliche Voraussetzung, um sich ohne Kostüm zu verkleiden.

Kleines Einmaleins des Angebens

Auf die Frage, wie man angibt, gibt es eine simple Antwort: so wie ein guter Schauspieler – möglichst natürlich, und ohne dass es (unangenehm) auffällt. Wie das funktioniert? Ganz einfach:
Das Zauberwort heißt „als ob“. Damit es seine Magie entfalten kann, brauchen Sie nur ein bisschen Fantasie. Und natürlich den festen Glauben daran, dass es wirkt. Zum Beispiel halten Sie sich für schüchtern, wollen aber überzeugend flirten. Sie schalten das magische „als ob“ ein – das

heißt: Sie stellen sich möglichst präzise eine Versuchsanordnung vor, den Raum (eine Bar?), Ihr Gegenüber (Größe, Haarfarbe, geschätztes Bildungsniveau etc.). Überlegen Sie, was Sie als erstes sagen möchten – natürlich erinnern Sie sich an dieses Buch und wählen *Romeo und Julia (II, 2)*: *„Wär' ich der Handschuh doch auf dieser Hand / und küsste diese Wange!"* – und sprechen es aus. Bingo! Sie handeln, *als ob* Sie selbstsicher wären. Sie zitieren Shakespeare, *als ob* Ihnen die Materie vertraut wäre. Es ist unwichtig, ob Sie sich *wirklich* selbstsicher fühlen oder den ganzen Shakespeare parat haben. Sie können sich für die unbelesenste Schlotterbacke halten – wenn Sie daran glauben, dass das magische „als ob" funktioniert, wird es niemand bemerken. Das ist der feine Unterschied zum Prinzip der „Identifikation". Je präziser Sie sich die Details Ihrer Selbstdarstellung ausmalen, um so natürlicher wirken Sie. Vergessen Sie alle Wie-Fragen (wie wirke ich? wie starte ich? wie komme ich nach Hause?) – konzentrieren Sie sich auf das Was, auf die Inhalte. Alles andere kommt von selbst.

Angeben ist ein Sonderfall des Schauspielens, bei dem es im Wesentlichen darum geht, den eigenen Status zu erhöhen. Mit dem angepeilten Status verbindet man bestimmte Vorteile und Annehmlichkeiten, vor allem Anerkennung und Erfolg. Der Erwerb intellektueller Protzmittel ist in jedem Fall am kostengünstigsten. Sparen Sie sich den Porsche und fahren Sie mit Shakespeare vor, dem Rolls-Royce in Ihrer Bildungsgarage. Aber berücksichtigen Sie Ihr Umfeld – Sie haben es nicht nötig, ihn gegen Yellow-Press-Mofas ins Rennen zu schicken. Es geht um die praktische Frage, wie Sie angeben – wie Sie sich ohne Kostüm verkleiden.

Beherzigen Sie beim Zitieren Ihrer Lieblingssprüche folgende Kriterien:

Je bekannter, desto gähn

Es muss nicht immer „Sein oder nicht sein" sein. Wählen Sie sich einen originellen Kommentar, beispielsweise *„Die Worte fliegen auf, der Sinn hat keine Schwingen"* (König Claudius in *Hamlet* III, 3).

Die Variation macht den Ton

Eine bekannte Wendung erhält neuen Glanz durch kleine operative Eingriffe. Durch Zitatlifting spielen Sie im Bildungsjargon ganz vorne mit. Es zeichnet große Shakespeare-Zitate aus, dass sie sogar in amputierter Form ihre noble Herkunft repräsentieren. Beispiel: „Etwas ist faul im Kühlschrank dieser WG!"

Komplexer Text macht nur komplett perplex

Lernen Sie kompliziertere Zitate sorgfältig auswendig. Textstudium ist das leidige Basistraining des Angebers wie des Schauspielers. Ein Versprecher bringt Ihnen nichts – außer einer netten Anekdote, wie etwa die über Oskar Beregi: In der Max-Reinhardt-Inszenierung von *Was ihr wollt* soll er als Herzog Orsino das Stück mit den Worten eröffnen: *„Wenn die Musik der Liebe Nahrung ist, spielt weiter!"* – Premiere, Lampenfieber, er hebt an: „Wenn Nahrung..." – unrettbar, aus!

Eine Stelle wirkt besser mit Quelle

Sie werden in diesem Buch vielen alten Zitatenbekannten begegnen – prägen Sie sich die Quelle ein, das Stück, den Akt, die Szene! Ergänzen Sie die Quellenangabe durch zusätzliche Informationen! Das sind die Voraussetzungen, um einen arglosen Shakespeare-Zitierer zu verblüffen. Beispiel: Ihr Verhandlungspartner will nach einem gemeinsamen Geschäftsessen ein Taxi bestellen und ruft: *„Ein Pferd! Ein Pferd! Mein Königreich für ein Pferd!"* Sie ergänzen souverän: „Ja, ja – *Richard III.*, V. Akt, 4. Szene, kurz bevor er von seinem Gegner Richmond erschlagen wird."

Zitate toppen (Angeben für Fortgeschrittene)

Um ein Zitat mit einem weiteren auszustechen, benötigen Sie

neben einem angereicherten Zitatenschatz noch ein wenig spielerische Fantasie und Sie können andere ins Schwitzen bringen. Beispiel: In der Sauna. Die Vorlage lautet: „*O schmölze doch dies allzu feste Fleisch! – Hamlet I, 2.*“ Sie geben zurück: „*Nun ist der Winter unsres Missvergnügens glorreiche Sauna worden dank Yorks Sonne! – Richard III. I, 1.*“ Es wird nachgelegt: „*Ob's edler im Gemüt, das wütende Geschwitz erdulden …? – Hamlet III, 1.*“ Sie reizen hoch mit: „*Schuhu, tönt's froh im Kreis, und Hanne macht den Kessel heiß. – Originalschlusslied in Verlorene Liebesmüh.*“ Die ermattende Replik: „*Schwitzen, schlafen – vielleicht auch träumen … – Hamlet III, 1.*“ Und Sie toppen mit: „*Der Rest ist Schwitzen! – Hamlet V, 2.*“ (Ersetzt wurden Sommer/ Geschick/-Sterben/Schweigen.)

Und nun viel Vergnügen mit eigenen Versuchen!

II. Ein alter Angeber erobert die Welt

Fragt mich um nichts mehr, was Ihr wisst, das wisst Ihr.
Von dieser Stund' an rede ich kein Wort.
(Jagos Schlusssatz in Othello V, 2)

Wir besitzen von Shakespeare keine Autobiografie, keine Briefe und keine Manuskripte, es gibt keine autorisierte Werkausgabe, keine hinterlassene Bibliothek und von seinen Zeitgenossen nur wenige Zeugnisse, aber keine Lebensbeschreibung. Die Belege erschöpfen sich in Kirchenbucheinträgen über Taufe, Heirat und Tod, Kaufverträgen von Haus- und Grundstücksgeschäften, einer Kirchensteuermahnung, Namensvermerken in königlichen Lohnlisten für Theatergastspiele bei Hof und dem Pamphlet eines missgünstigen Konkurrenten, dazu noch ein paar Legenden und Würdigungen aus dem Freundeskreis sowie sechs Unterschriften, darunter eine in seinem Testament und eine in einem Exemplar von Michel de Montaignes *Essais* (das einzige Buch, dessen Besitz nachgewiesen ist). So spärlich die Dokumente sind, wir wissen vor allem eines: Was ein Shakespeare ist, der will hoch hinaus. Und wenn es nur mittels Galgen gelingt. 1547 taucht der große Name zum ersten Mal in Stratford auf – ein gewisser Thomas Shakespeare wird als Räuber gehenkt. Es dürfte sich um Williams Großvater handeln. Der Hang zu Höherem zeigt sich bei Vater John, der sich vom einfachen Bauernsohn über die bürgerlichen Ehrenämter des Bierschmeckers, Stadtkämmerers und Ratsherrn bis zum Stratforder Bürgermeister emporarbeitet. Sein Handel mit Holz, Getreide, Wolle und Leder floriert. Um ein „Gentleman" zu werden, stellt er den Antrag auf ein Wappen. 1557 heiratet er Mary Arden, die aus einer „wohlgeborenen" Familie stammt.

An einem unbekannten Apriltag des Jahres 1564 wird William als drittes von acht Kindern geboren (Taufe am 26. April) – im lieblichen Stratford am Flüsschen Avon, eine 1500-Einwohner-Stadt in der Grafschaft Warwickshire, eine Tagesreise entfernt von London, der Hauptstadt des expandierenden englischen Königreichs. Will wächst im ländlichen Millieu auf, dessen Eindrücke in fast allen seinen Stücken zu entdecken sind. Fantasievolle Biografen schließen von der väterlichen Handschuhmacherei darauf, dass Will von klein auf an häuslichen Schlachtszenen beteiligt war. Blutgeruch zieht durch die Kinderstube. Abgezogene Tierhäute, dampfende Kadaver, blutiges Metzgerwerkzeug – diese Kindheitseindrücke sollen die spätere Vorliebe des Dichters für brutale Stoffe und mörderische Exzesse geprägt haben. Und der Klatschkolumnist John Aubrey (1626–97) weiß aus Nachbarschaftstratsch: Der junge Schlächtergehilfe Will habe seine Sache „stilvoll" machen wollen und über den Häuptern der brüllenden Kälber Reden gehalten.
Will wird wahrscheinlich die Stratforder Lateinschule besucht und dort Lilys lateinische Grammatik, die Verse Vergils, Ovids *Metamorphosen* und die englisch-lateinischen Lehrgespräche nach Erasmus von Rotterdam studiert haben. Vielleicht hat er auch in Schulaufführungen von lateinischen Komödien des Plautus und Terenz mitgespielt. Das Schulgebäude, ein einstöckiges Fachwerkhaus, in dem der Schüler Will von sechs Uhr morgens neun Stunden lang unterrichtet wurde, kann heute noch besichtigt werden. Durchaus denkbar, dass Will an eigene Erfahrungen denkt, wenn er in Jaques Weltbühnenrede vom „weinerlichen Buben" spricht, *„der mit Bündel und glatten Morgenantlitz wie die Schnecke ungern zur Schule kriecht"*.
Ob Will einen Beruf erlernte und welchen, das bleibt Spekulationen überlassen. Vielleicht arbeitet er im väterlichen Betrieb. Legenden lassen ihn Schullehrer werden (um die not-

wendige Geniebildung zu befördern). Der 18-Jährige muss 1582 die 26-jährige Anne Hathaway heiraten – ein halbes Jahr später kommt Tochter Susanna zur Welt. Mrs. Shakespeare wird ihrem Gatten zwei weitere Kinder schenken, die Zwillinge Hamnet und Judith (1585).

Irgendwann zwischen 1586 und 1590, während sein Vater in eine schwere wirtschaftliche Krise gerät, setzt sich Will in die Großstadt ab. Um 1590 ist der Name Shakespeare in London nachweisbar. Will spielt (Nebenrollen) am Theater des James Burbage. Er versucht dem gleichaltrigen, aber schon berühmten Christopher Marlowe (ermordet 1593) nachzueifern und sich mit *Titus Andronicus*, einem blutrünstigen Schocker, in die Herzen des Publikums zu meucheln. Aus den Geschäftsbüchern des Theater- und Bordellbetreibers Phillip Henslowe erfahren wir, dass Will am „Rose"-Theater am 3. März 1592 seinen ersten Kassenerfolg hat: *Heinrich VI.* Dieses patriotische Stück ist sein Durchbruch als Dramatiker.

Ende 1592 stört ein bösartiger Zwischenruf eines missgünstigen Konkurrenten Wills glänzenden Einstieg in die Theaterszene Londons. Robert Greene, ein verarmter, verlauster und versoffener Stücke- und Flugblattschreiber warnt vom Totenbett aus seine Kollegen Nashe, Peele und Marlowe vor gewissen Schauspielern, die als „bemalte Monster" fremde Texte plündern: „Traut ihnen nicht. Denn unter ihnen gibt es eine vorlaute Krähe, geschmückt mit unseren Federn. Dieses ‚Tigerherz in eine Schauspielerhaut gesteckt' meint, er könne gerade so gut wie der beste unter euch den Bombast eines Blankverses hinkriegen; und als absoluter ‚Johannes Factotum' hält er sich für den einzigen Bühnenerschütterer (Shakescene) im Lande." Im folgenden Jahr, 1593, wird Mr. Shakescene alles daran setzen, seinem Spitznamen alle Ehre zu machen.

Der Erfolg von *Heinrich VI.* soll als Stückserie über die Kriege der Herzoghäuser York und Lancaster (Rosenkriege) fortgesetzt werden. *Richard III.* ist die logische Konsequenz. Die populären Zeitbezüge, wie die ungeklärte Frage der Thronfolge nach Elisabeth, die antifranzösische Stimmung und das bewährte patriotische Pathos sollen Kasse machen. Wichtiger aber ist, dass in *Richard III.* zwei Begabungen zusammenkommen, die das englische Drama künstlerisch entscheidend befördern: ein Schauspieler wie Alleyn, der in der Lage ist, psychologisch differenziert zu agieren, und ein Autor, der sich für die Innenseite der Machtmonster interessiert. Will geht es um Charakter und Motivation, nicht vordergründig um Blut und Entsetzen. Diese platteren Sensationen kann man getrost der Pest überlassen. 1593 werden die Theater wegen Ansteckungsgefahr vorübergehend geschlossen.

Will nutzt die Zwangspause vom Theater zum Ausbau seiner Karriere. Er schreibt ein erotisch-pikantes Versepos über die tragischen Seiten männlicher Schönheit und widmet es dem 19-jährigen Henry Wriothesley, Earl von Southampton. *Venus und Adonis* kommt in einer schöngedruckten Buchausgabe auf den Markt und erfreut sich schon bald außerordentlicher Beliebtheit am Hofe.

Die Widmung zielt auf Protektion ab. Wer sich als Dichter einen Namen machen will, muss sich Einfluss in den höchsten Kreisen verschaffen. Southampton ist Günstling der Königin und gehört dem mächtigen Kreis um den Earl von Essex an. Ihn als Mäzen zu gewinnen, bedeutet Prestige und wohl auch finanzielle Unterstützung. Das Gerücht besagt, Shakespeare habe von Southampton die schöne Summe von 1000 Pfund erhalten. Als Gegenwert erhält der noble Gönner die Verherrlichung durch den Poeten. Aber wird da nicht mehr gewesen sein? Der gut aussehende Southampton ist an Frauen scheinbar nicht sehr interessiert, und Will seinerseits ist in seinen Widmungen an den jungen Grafen voller Hingabe. Indizien in der Beweisführung, dass Shakespeare schwul oder zumindest bisexuell war, stellen üblicherweise die

Sonette dar. Zwischen 1593 und 1600 entstehen 154 dieser Liebes-, Leid-, und Lust-Gedichte nach der neuesten italienischen Mode und werden 1609 veröffentlicht. Die ersten 126 Sonette sind an einen jungen, blonden, adeligen Herrn gerichtet – eine Tatsache, die man sich erst im 19. Jahrhundert eingestehen will. Ob Southampton tatsächlich der Angebetete und Umworbene ist, lässt sich nicht beweisen. Die Widmung, die dem Buch vorangestellt ist, bleibt verschwiegen...

Will hat 1594 genügend Kapital zusammen, um gleich nach der Öffnung der Theater Gründungsmitglied und Teilhaber des neu formierten Ensembles der „Lord Chamberlaines Men" zu werden, der erstklassigen Truppe der Burbage-Brüder Cuthbert und Richard unter dem Patronat des Lordkämmerers Hunsdon. Man spielt im „Theatre" in Shoreditch. Will schreibt jährlich etwa zwei Stücke, ungefähr 38 insgesamt, mit rund 1000 Rollen – ein Werk, so bunt wie die Welt, in der es entsteht. Es ist die Zeit der englischen Renaissance, die von Königin Elisabeth I. (1533–1603) eisern, aber kunstsinnig beherrscht wird.

Am 11. August 1596 stirbt der einzige Stammhalter und jüngste Shakespeare: Wills elfjähriger Sohn Hamnet. Die Ironie des Schicksals verleiht nur wenig später dem ältesten Shakespeare John das lang ersehnte Adelspatent – 20 Jahre später wird es keinen männlichen Shakespeare mehr geben, der Wappen und Titel des „Gentleman" tragen könnte.

Shake-spear (Speer-schüttler) – der Name war als Beweis angeführt worden, dass ein obskurer Ahne als Lanzenträger Heinrichs VII. für die Tudors seinen vaterländischen Dienst geleistet hatte. Das Wappen trägt den Wahlspruch „Non Sans Droict" – „Nicht ohne Recht". Will dürfte den neuen Adel, bei aller Trauer um den Verlust seines Sohnes, als stolzes Aushängeschild seines florierenden Theaterunternehmens verwendet haben. Das beweist der Spott eines Dichterkollegen. Ben Jonson (1573–1637) adelt eine seiner Bühnenfiguren mit einem Wappenschild, das einen Schweinskopf und den Spruch „Nicht ohne Senf" trägt. Ben Jonson ist nach Marlowe der andere große Nebenbuhler Wills um die Kunst des Publikums. Ben schreibt auf Vorschussbasis für die Erzrivalen, die „Admiral's Men" des Produzenten Henslowe. Trotzdem fühlen sich Ben und Will durch Kneipenabende und eine professionelle Konkurrenz verbunden. „Ben, so wird gesagt, hatte die gravitätische Würde einer spanischen Galeone, Will aber die schlanke Geschwindigkeit eines englischen Kriegsschiffs." (Anthony Burgess)

1598 ist die letzte Spielzeit im „Theatre". In unmittelbarer Nähe der Bärenhatzanstalt und des konkurrierenden „Rose"-Theaters kann 1599 das neue „Globe"-Theater eröffnet werden, dessen unbescheidener Name verkündet, dass das Spiel auf diesen Brettern tatsächlich die Welt bedeutet. Wer heute nach London kommt, kann sich im rekonstruierten „Globe" ein originales Shakespeare-Theater-Feeling verschaffen. In alter Bautechnik mit Holznägeln, Lehmwänden und Reetdach wurde der berühmte Uraufführungsort der „reifen" Shakespeare-Stücke wieder errichtet, so historisch wie möglich. Hat man den Zuschauerraum durch eines der Eingangstore betreten, fühlt man sich wie in einem runden Burghof, in den eine rechteckige Spielplattform hineinragt und der von drei Zuschauergalerien umringt wird. Das Bühnenpodium wird rückseitig von einem Vorhang abgeschlossen, der die Hinterbühne verbirgt. Darüber, gestützt von bemalten Holzsäulen, thront ein Balkon als Oberbühne (siehe *Romeo und Julia*) und noch weiter oben die Hochbühne für Turmszenen und Musikanten. „Das Theater ist im Grunde nichts anderes als der verbesserte Innenhof eines Gasthauses, in dem das Podium aufgeschlagen wird." (Georg Hensel)

So erinnert das „Globe" an die ursprüngliche Spielsituation des fahrenden Volkes, das erst seit 1574 feste Theaterbauten

ZEICHNUNG NACH EINER ZEICHNUNG DES SWAN-THEATRE VON JOH. DE WITT UM 1596

vor den Stadttoren beziehen konnte, außerhalb des Machtbereichs der City, in den „Liberties“ (Freiheiten). An die improvisierten Bühnen der „innyards“ (Gasthöfe) erinnern auch im „Globe“ Aufführungspraxis und Stücke. Das elisabethanische Theater kommt ohne Dekoration und Lichttechnik aus, alles geschieht offen und bei Tageslicht, denn Bühne und Stehparkett liegen unter freiem Himmel. Der Text markiert Schauplatz, Tageszeit und Wetterverhältnisse der Szene. Die Bühnenausstattung überlässt man der Fantasie des Zuschauers. Man spielt für jeden: für Huren und ihre Freier aus den theaternahen Bordellen wie für amüsierwütige Lehrlinge und Studenten, für Seeleute und Händler wie für Londoner Sextouristen und Höflinge auf Ausflug in die Subkultur der Vorstädte. Und die Stücke spiegeln diese vielfarbige Gesellschaft wider. Das macht sie bis heute einzigartig erfolgreich. Hier ist für jeden etwas dabei. So platzierte sich Shakespeare 1999 viermal unter den deutschen Top-Ten der Inszenierungen mit den meisten Zuschauern (insgesamt 398.381 Besucher): *Romeo und Julia,*

Sommernachtstraum, Hamlet und der absolute Hit: *Shakespeares sämtliche Werke (leicht gekürzt)* von den drei englischen Schauspielern Long, Singer und Winfield.
An der Wende vom 16. zum 17. Jahrhundert entstehen die großen Tragödien *Hamlet, Othello, Macbeth* und *King Lear* – Anlass für Spekulationen über eine Lebenskrise des Autors. Nach dem Tod der Königin 1603 werden die „Chamberlaine's Men" zu den „King's Men" mit Jakob I. als königlichem Schutzherrn. Will ist von nun an königlicher Beamter. Er baut das Theaterangebot der „Chamberlaine's Men" für die Öffentlichkeit zum ganzjährigen Spielbetrieb aus. Die Übernahme des „Blackfriars"-Theaters, einer ehemaligen Klosterhalle der Dominikaner, garantiert eine „Winterbühne" neben dem offenen „Globe" als Sommerbühne. *Der Sturm* sowie, als Zugeständnis an den Zeitgeschmack, *Heinrich VIII.* (1612, mit John Fletcher) sind die letzten Stücke, mit denen sich Will und sein „Globe" von der Theaterwelt verabschieden. Will zieht sich nach Stratford zurück, sein „Globe" brennt ab. Während einer Aufführung von *Heinrich VIII.* setzt eine Böllerkanone das Dach in Brand. Ein Zuschauer löscht seinen rauchenden Hosenboden mit Bier. Eine angemessene Geste, um einem Theatergenie Lebewohl zu sagen.
Will hat sich den Rückzug in den heimischen Obstanbau wohl verdient. Als Theaterunternehmer, Autor, Regisseur und Schauspieler – geschätztes Jahreseinkommen 200 Pfund (zehnmal so viel wie ein Lehrergehalt) – hat er sich genug Kapital erwirtschaftet, um in Stratford das repräsentative Stadthaus „New Place", sowie zwei kleinere Häuser, Scheunen, Grundstücke und ein Haus in London zu erwerben. Will ist mit Ende 40 ein wohlhabender „Gentleman" mit gutem Ruf. Ihm bleiben eine Handvoll Jahre, um sich der Familie und bescheidener Geldwucherei zu widmen.
Am 8. September 1601 begräbt man Vater John. Wills Brüder treten in schneller Folge ab: zuerst Edmund (1608), der in

London ein unbedeutendes Schauspielerleben im Schatten seines berühmten Bruders geführt hatte; dann Gilbert (1612), ein Jahr darauf Richard. Wills Töchter werden halbwegs zufriedenstellend unter die Haube gebracht. Susanna, die Älteste, heiratet 1607 den Arzt Dr. John Hall, neun Monate später wird die kleine Elisabeth getauft. Die 32-jährige Judith hängt sich an Thomas Quiney, einen versoffenen Weinhändler, den sie am 10. Februar 1616 heiratet und mit dem sie zwei Monate später exkommuniziert wird. Will ändert sein Testament, um das Erbe vor seinem dubiosen Schwiegersohn zu schützen. Wills Unterschrift ist wackelig – der Schriftzug eines Kranken?
Einen Monat später stirbt William Shakespeare und hinterlässt seiner Frau sein „zweitbestes Bett". Über Wills Todesursache gibt es nur Vermutungen. Pfarrer John Ward notiert, Shakespeare habe sich mit seinen Londoner Kollegen Drayton und Jonson getroffen, sie hatten eine „fröhliche Zusammenkunft, und anscheinend hatten sie zuviel getrunken, denn Shakespeare starb an einem Fieber, das er sich dort zuzog". Die Inschrift des Grabsteins in der Holy Trinity Church in Stratford droht bis heute dem Shakespeare-Wallfahrer mit schlichter Totengräber-Lyrik:

Du guter Freund, tu's Jesus zu gefallen
Und wühle nicht im Staub, der hier verschlossen.
Gesegnet sei der Mann, der schonet diese Steine.
Und jeder sei verflucht, der stört meine Gebeine.

In den Erinnerungen seiner Kollegen wird Will übereinstimmend als „gentle" beschrieben, als sanft – und als liebenswürdig, vornehm und großzügig. Die Verehrung für den verstorbenen Freund leistet dann auch einen entscheidenden Dienst für die Nachwelt. Die verstreuten Dramen, von denen zu Wills Lebzeiten erst etwa die Hälfte gedruckt vorliegen, werden gesammelt – die Manuskripte bestehen aus Soufflierbüchern, Mitschriften, Rollenbüchern und Quarto-Drucken (Stückausgaben etwa wie heute die Reclam-Heftchen) – mit allen Fehlern und Zusätzen aus der Aufführungspraxis. Diese früheste Gesamtausgabe, die Folio-Ausgabe von 1623, enthält wahrscheinlich nicht alle Werke Shakespeares und einiges ist vermutlich nicht nur von ihm allein. Wie er sich selbst zum Dichter bildete, indem er andere Autoren für die Theaterarbeit umschrieb und ausschmückte, so mag auch mit seinen Stücken verfahren worden sein. Theorien, die behaupten, Shakespeare sei nur ein Pseudonym für eine schüchterne Berühmtheit gewesen (Christopher Marlowe; Francis Bacon; Edward de Vere, 17. Graf von Oxford; die Queen höchstpersönlich u.a.), beantwortet man am besten mit Bernhard Shaws Bonmot, nicht Shakespeare habe die Dramen geschrieben, sondern ein anderer Autor gleichen Namens. Bis heute haben sich jene goldenen Worte bewahrheitet, mit denen der alte Konkurrent Ben Jonson sich von William Shakespeare in der Folio-Ausgabe verabschiedete: „Er gehört nicht einem Zeitalter, sondern allen Zeiten."

III. Gib an mit Shakespeare!

Ein Ratgeber für Angeber in 10 Bildern mit den wichtigsten Zitaten für alle Lebenslagen

Wenn du heucheln lernen willst; wenn du betrügen lernen willst, wenn du täuschen lernen willst; wenn du lernen willst, wie man den Scheinheiligen spielt, hintergeht, lügt und fälscht; wenn du lernen willst, wie man witzelt, scherzt, schäkert, Fratzen schneidet und Zoten reißt, wenn du lernen willst, gegen Fürsten zu rebellieren, Hochverrat zu begehen, Vermögen zu verschleudern, Müßiggang zu pflegen, von zotiger Liebe und Geilheit zu reden und zu singen; wenn du verlachen lernen willst, verhöhnen, verspotten, und verlästern, schmeicheln und beschwatzen; wenn du lernen willst, wie man den Hurenbock spielt, den Vielfraß, den Säufer, und den Blutschänder; wenn du lernen willst, wie man stolz, hochmütig und überheblich wird; und schließlich, wenn du lernen willst, wie man GOTT und seine Gebote missachtet, brauchst du in keine andere Schule, denn all diese schönen Beispiele kannst du in Schauspielen vor deinen Augen ausgemalt sehen. (Philipp Stubbes, 1583; zit. n. F. Günther, Was wollt ihr mehr, Cadolzburg 2000)

Abschreckung ist die beste Werbung. Mit sicherem Gespür für das Angeber-Angebot des Theaters hat Ihnen Mr. Stubbes, Shakespeares Zeitgenosse, einen kurzen Überblick darüber gegeben, was Sie in den nächsten Kapiteln erwartet. Im Übrigen gilt für professionelle Angeberei, was Hamlet in seiner Rede an die Schauspieler fordert: *Lasst euer eignes Urteil euren Meister sein: Passt die Gebärde dem Wort, das Wort der Gebärde an, wobei ihr sonderlich darauf achten müsst, niemals die Bescheidenheit der Natur zu überschreiten. Denn alles, was so übertrieben wird, ist dem Vorhaben des Schauspiels entgegen, dessen Zweck sowohl anfangs als jetzt, war und ist, der Natur gleichsam den Spiegel vorzuhalten. (Hamlet III, 2)*

NUN WARD DER WINTER UNSERES MISSVERGNÜGENS
GLORREICHER SOMMER DURCH DIE SONNE YORKS…
RICHARD III., I. AKT, 1. SZ.

1.
Der perfekte Auftritt
(mit Richard III.)

Der erste Auftritt entscheidet – wer ihn verpatzt, den bestraft das Leben so grausam wie die Zuspätkommer. Wer beim Vorstellungsgespräch gegen die Glastür läuft oder beim Kinoflirt Raubtiergeruch verströmt, muss sich nicht wundern, wenn er zu den Verlierern gehört.
Andererseits: Erfolgreich abgeschlossene Benimm-Kurse, gebügelte Oberbekleidung und ein Reklamelächeln sorgen nicht selten dafür, dass man zwar einen einwandfreien, aber auch einwandfrei langweiligen Eindruck macht. Falscher Perfektionszwang erhöht die traurige Krampfkasper-Ausstrahlung. *Richard III.*, entstanden um 1592, und Shake-

speares früher, perfekter Auftritt als Dramatiker, zeigt wie schurkischer Charme jenseits konventioneller Rücksichten siegt. Der bluttriefende Inhalt in Kürzestfassung: Der bucklige Richard, Herzog von Gloucester, ermetzgert sich die Krone, indem er alle Thronanwärter beiseite schafft. Erst als er seine alten Freunde über die Klinge springen lässt, reißt seine Erfolgssträhne. Vor der Entscheidungsschlacht gegen Richmond erscheinen ihm die Geister aller Ermordeten und demotivieren ihn derart, dass er Pferd, Königreich und Leben verliert.

Schauen wir auf Richards Erfolgsrezept. Es beruht gerade nicht darauf, Höchstansprüche zu erfüllen, weder äußerlich noch innerlich, weder physisch noch moralisch. Das Richard-Prinzip heißt: „Ich bin so hässlich, ich bin der Hass!" Er ist das personifizierte Laster (vice) aus den mittelalterlichen Mysterienspielen. Setzen Sie auf den Kriegsgott, nicht auf die Liebesgöttin! Venus macht konfus, Mars macht mobil. Seien Sie kein Weichei, werden Sie hart gesotten!

Ziehen Sie die linke Schulter hoch, als hätten Sie einen Buckel, lassen Sie das rechte Bein nachschleifen, als humpelten Sie, senken Sie den Kopf, rollen Sie mit den Augen, lächeln Sie zynisch und sprechen Sie mit böser, böser Stimme Richards berühmten Auftrittsmonolog nach:

Nun ward der Winter unsers Missvergnügens
Glorreicher Sommer durch die Sonne Yorks!
Die Wolken all, die unser Haus bedräut
Sind in des Weltmeers tiefem Schoß begraben …
Aus rauhem Feldlärm wurden muntre Feste …
Doch ich, zu Possenspielen nicht gemacht
Noch um zu buhlen mit verliebten Spiegeln
Ich roh geprägt, entblößt von Liebesmajestät …
Entstellt, verwahrlost, vor der Zeit gesandt
In diese Welt des Atmens, halb kaum fertig

Gemacht, und zwar so lahm und ungeziemend,
Dass Hunde bellen, hink' ich wo vorbei;
Ich nun, in dieser schlaffen Friedenszeit,
Weiß keine Lust, die Zeit mir zu vertreiben,
Als meinen Schatten in der Sonne spähn'
Und meine eigne Missgestalt erörtern;
Und darum, weil ich nicht als ein Verliebter
Kann kürzen diese fein beredten Tage,
Bin ich gewillt, ein Bösewicht zu werden
Und feind den eitlen Freuden dieser Tage.
(König Richard III. I, 1)

Spüren Sie, wie Sie voller Power sind, weil Sie frei sind vom Stress, ständig positiv denken zu müssen? Noch einmal, das sind die strategischen Tugenden des lasterhaften Richard: klare Selbsterkenntnis, besonders die der eigenen Mängel, Skrupellosigkeit, Aggressivität, Entschlusskraft und verdeckter Angriff über die Flanken aus der Außenseiterposition. Ein Wermutstropfen ist leider dabei: Sie müssen arbeiten. Wenn die andern feiern, klinken Sie sich aus der Spaßgesellschaft und ihrer Harmoniesucht aus! Sie haben noch viel vor sich. Gegner müssen aus dem Weg geschafft werden, die Stimmung der Öffentlichkeit ist auf ihre Seite zu bringen. Richards Lebenshilfe steht Ihnen bei: „Sorge Dich nicht, töte!" Vergessen Sie die Heilsarmeeweisheiten: „Wenn das Schicksal Dir eine Zitrone gibt, dann mach Zitronenlimonade daraus!" Sagen Sie sich stattdessen: „Wenn das Schicksal mir eine Zitrone gibt, spritz ich sie dem Gegner ins Gesicht!" Nur so kommen Sie ganz nach oben.

Kein Wunder, dass Shakespeares Managementerfahrungen neuerdings an den Nachwuchs der Führungsetagen weitergegeben werden. An der Columbia Business School werden mit großem Erfolg Kurse über „Shakespeare and Leadership" angeboten. Professor John Whitney interpretiert die Königsdramen als praktische Lektionen, um eine starke Führungskraft zu werden. Dabei geht es weniger darum, den Einsatz von Gift und Dolch zu imitieren, als von den königlichen Leitungsstrategien und ihren Pannen zu lernen. Mr. Whitney weist darauf hin, dass von den vierzehn Shakespeare-Herrschern, die in den dramatisierten zweihundert Jahren vor Elisabeth I. regierten, allein sechs ihre Macht in Konferenzräumen verspielten, abseits von Schlacht und Meuchelmord. Und so stärken sich amerikanische Jungmanager mit Richards skrupellosem Selbstbewusstsein: *„Richard liebt Richard, das heißt: ich bin ich" (V, 3).*

2.
Die schönsten Liebeserklärungen
(mit Romeo und Julia)

„Gewiss, es ist ein vortreffliches Stück, ein charmantes Spiel, und doch dünkt's mir nur ein Spiel. Die zwei Verliebten kommen mir so stetig vor und melancholisch, so finster und eigensinnig, dass mir ihr Schicksal nicht sonderlich nahe geht. Julia hat Romeo kaum gesehen, so sagt sie schon, das Grab sei ihr Brautbette, wann dieser Mensch ein Verheirateter sei – eh sie ihn noch kannte. Ei, das ist zu hastig. Und Romeo … schwärmt daher wie ein Wahnwitziger, so unbedacht hitzig – ich hätte bald gesagt wie ein Narr. Aber just zwei solche Geschöpfe brauchts zum Selbstmorden. … Ich kann mir nicht helfen. Ich liebe die Lerche oder die Nachtigall mehr als dies gramsüchtige Paar, über deren Gesang sie am Brautnachtmorgen einen Liebesstreit hatten …" – so der Schweizer Schriftsteller Ulrich Bräker in *Etwas über William Shakespeares Schauspiele* von 1780.
Das gramsüchtige Paar hat inzwischen eine beispiellose Weltkarriere hinter sich. Anders als der alte Schweizer hat die Filmindustrie stets daran geglaubt, dass diese Geschichte, in

der „die Liebe selbst der Held ist“ (Heinrich Heine), einem großen Publikum nahegeht, überall und immer wieder. Insgesamt über 30 Verfilmungen von klassisch bis modern haben mit der tragischen Liebe Kasse gemacht. Die jüngste (mit Leonardo di Caprio und Claire Danes, Regie: Baz Luhrmann, 1996) verlagert die Szene in ein zeitgenössisches südkalifornisches Verona Beach. Die gegnerischen Familienclans Montague und Capulet beherrschen mit ihren Konzernen die Stadt, und wenn ihre Jugendbanden ihre „swords“ ziehen, dann sind es keine Schwerter, sondern großkalibrige Feuerwaffen mit Familienwappen.
Die Faszination, die von dieser wie anderen Stoffverarbeitungen ausgeht, entspringt der Natur des größten Weltwunders: es ist „das Erlebnis der Liebe in der Welt des Streits“ (Gustav Landauer). Ob Prokofjews Ballettmusik von 1935 oder Leonard Bernsteins Musical *West Side Story* von 1956, ob Charles Gounods Oper von 1867 oder Udo Lindenbergs Panik-Orchester-Version von 1992: *Romeo und Juliaaah* – immer ist es die Entfesselung unserer heimlichen Liebesvor-

tellungen zu leidenschaftlicher Größe, die uns Shakespeare und seine Unterhaltungsmannschaft schenkt. Oder wie Matratzengrufti Heinrich Heine schrieb: „Liebe! Sie ist die höchste und siegreichste aller Leidenschaften. Ihre weltbezwingende Stärke besteht aber in ihrer schrankenlosen Großmut, in ihrer fast übersinnlichen Uneigennützigkeit, in ihrer aufopferungssüchtigen Lebensverachtung. Für sie gibt es kein gestern und sie denkt an kein morgen… Sie ist eine wandelnde Flamme zwischen zwei Finsternissen."
„Romeo und Julia" – das ist die Maßeinheit für Liebe schlechthin. Die beiden Jugendlichen aus der Veroneser High Society geben vor, was die unbedingten Kennzeichen der großen Gefühle sind:

- ➢ Liebeserschütterung auf den ersten Blick
- ➢ Romantische Beschwörung absoluter Hingabe, inklusive Mondlicht
- ➢ Überwindung aller trennenden Hindernisse (Gartenmauern, Familienstreit, Balkonhöhen, Gräben zwischen Jugendcliquen)

Natürlich ist die perfekte, heißblütige Liebe eine Sache des Südens, und so erhält auch deutscher Liebeskopfsalat Geschmack erst mit italienischem „Romeo&Julia"-Dressing, made in England. Also: Machen Sie sich an!

Liebesvorspiel für Romeos: Rosalindisieren Sie sich!
„Liebe auf den ersten Blick" braucht Vorbereitung. Im Gegensatz zu anderen Trainingsprogrammen geht es hier nicht darum, seine Kräfte zu erproben, sondern seine Schwächen. Sie müssen sich in die richtige gemütsschwache Grundverfassung bringen, damit Sie für Amors Attacke reif sind. Romeo zeigt, wie Sie sich liebesmürbe machen: Heulen Sie sich wund, indem Sie einer unmöglichen Beziehung nachschmachten!

Romeos fatales Objekt der Anbetung heißt „Rosalinde", eine verwöhnte Aristokratenzicke, die ein Keuschheitsgelübde einsetzt, um Männer bis zur Besinnungslosigkeit anzuspitzen. Da sie in Shakespeares Stück nicht auftaucht, sondern nur von ihr erzählt wird, können wir sie uns so tückisch wie möglich vorstellen. Die aussichtslose Rosalinden-Liebe knetet Romeo weich für den lauernden Zugriff der großen Julia-Liebe. Jammern Sie mit Romeos Parodie auf italienische Liebeslyrik:

Schwermütiger Leichtsinn, ernste Tändelei!
Entstelltes Chaos glänzender Gestalten!
Bleischwinge! Lichter Rauch und kalte Glut!
Stets wacher Schlaf! …

Quälen Sie sich wie Romeo, piercen Sie sich mit Amors Liebespfeilen:

Lieb ist ein Rauch, den Seufzerdämpf' erzeugten,
Geschürt ein Feur', von dem die Augen leuchten …

Die einfältigsten Herz/Schmerz-Reime sind schlecht genug, um sich in Stimmung zu maulen.
Hilfreich für eine tiefe Persönlichkeitsstörung sind auch gute Freundinnen und Freunde. Erzählen Sie ihnen von Ihrer Liebe! Wahre Freunde zeigen sich in der Not – und zwar darin, dass sie die Lage schamlos für Spott und schlechte Witze ausbeuten. So wird Romeo von seinen Freunden Benvolio und Mercutio gepiesackt, die mit der Silbe „ro" ein übles Wortspiel treiben (roe = Rogen, Fischeier):

Benvolio: *Da kommt Romeo!*
Mercutio: *Da kommt nur Meo. Wo ist sein Ro, sein Ro, sein Rogen? Wie ein schrumpfgepökelter Heringsschwanz! O Fleisch, o Fleisch, wie hast du dich verfischigt!* *(II, 4; übersetzt von F. Günther)*

Als letzte Maßnahme der Selbstzerknirschung bringen Sie sich in eine depressive Stinklaune und machen Sie sich auf den Weg zu einer Party bei Leuten, die garantiert nicht Ihre Wellenlänge sind. Achten Sie auf schlechte Träume und katastrophale Horoskope! Je schwärzer Ihre Verfassung, um so strahlender wird Ihnen Julia entgegenleuchten…

Liebesvorspiel für Julias: Parisieren Sie sich!

Die schrecklichste Alternative zu einer nicht erwiderten Liebe ist die erzwungene Liebe. Um verheiratet zu werden, kann man gar nicht jung genug sein. Shakespeare hat Julias Alter im Vergleich zu den literarischen Vorlagen von sechzehn auf vierzehn herunter gesetzt, alt genug, um Gräfin Capulet, Julias Mutter, sagen zu lassen: *„…jünger noch als du sind angesehne Fraun hier in Verona schon Mütter worden … Mit einem Wort: Der junge Paris wirbt um deine Hand.“*

Heiratsdruck erzeugt Neugier, andere Angebote einzuholen, und zwar möglichst schnell. Graf Paris, dessen Rolle sich aufs Dienen, Dackeln und Duellieren beschränkt, mag keine schlechte Wahl sein – aber es ist die Wahl der Eltern. Julias freier Wille sträubt sich (und zeigt an, dass sich die Liebesvorstellungen zur Zeit Shakespeares aus dem mittelalterlichen Korsett befreien und modern werden wollen: „Mein Ringfinger gehört mir!“).

Machen Sie es wie Julia: Lassen Sie sich ruhig auf elterliche Partnervorschläge ein! Ihr innerer Protest wird angeregt; das fremdbestimmte Muster erleichtert es Ihnen, ein Kontrastbild zu entwerfen; Zeitnot bis zum Heiratstermin pusht Ihr Engagement – und Sie landen in den Armen Ihres Traummannes! Die große, schicksalhafte Fete steht ins Haus. Nicht nur Graf Paris wartet auf Sie, das ahnen Sie. Deshalb antworten Sie Mama Capulet:

Gern will ich sehn, ob Sehen Neigung zeugt. (I, 3)

Endlich:
Liebe auf den ersten Blick (erster Kuss inbegriffen)

Alle Vorbedingungen sind erfüllt. Als Romeo haben Sie Ihr Herz mit Rosalindisieren weichgespült; als Julia wurden Sie zur Liebessehnsucht parisiert – jetzt muss nur noch der andere Partner ins Blickfeld kommen. Es gilt nun mit Hamlet: *„In Bereitschaft sein ist alles.“* Maskenball im Hause Capulet. Romeo und seine Freunde haben sich verkleidet eingeschlichen. Musik! Da sieht Romeo Julia:

... Sie stellt sich unter den Gespielen dar
Als weiße Taub' in einer Krähenschar.

Tanz ist taktische Annäherung. Als Romeo ihr gegenübersteht, fällt ihm nichts Besseres ein, als sie mit religiösen Anspielungen anzumachen:

Entweihet meine Hand verwegen dich,
O Heil'genbild, so will ich's lieblich büßen.
Zwei Pilger neigen meine Lippen sich
Den herben Druck im Kusse zu versüßen.

Klingt umständlich, funktioniert aber. Denn die Ikone der Liebesanbetung weiß, wie sie sich zu verhalten hat:

Du weißt, ein Heil'ger pflegt sich nicht zu regen,
Auch wenn er eine Bitte zugesteht.

Romeo antwortet auf Julias regungslose Erregung:

So reg dich, Holde, nicht, wie Heil'ge pflegen,
Derweil mein Kuss dir nimmt, was er erfleht.
(I, 5)

Er küsst sie. So einfach ist das. Und so weltlich kann Heiligenverehrung sein. – Mit dem ersten Kuss hat die Initialzündung der großen, wahren Liebe stattgefunden. Wie soll es weitergehen? Romeo flieht hinaus in die Nacht, der

Chor gibt seinen Senf dazu:

Als Feind darf er sich nicht zu ihr getrauen.
Mit Schwüren ihre Liebe zu erflehn,
Sie liebt wie er, allein um ihn zu schauen,
Weiß sie der Wege weniger noch zu gehen.
Doch Leidenschaft gibt Kraft, Zeit weist die Wege,
Der Liebe Süße schwächt die schlimmsten Schläge.
(Prolog zum II. Akt)

Liebesnacht Nr. 1 (mit Balkon)

Als Romeo machen Sie nun ein paar Dehn- und Lockerungsübungen, denn es gilt eine Gartenmauer zu überspringen und kurz darauf Julias Balkon zu erklimmen. Als Julia machen Sie nichts, außer zu seufzen und zu leuchten, damit Romeo sie bemerkt.

Doch still, was schimmert durch das Fenster dort?
Es ist der Ost und Julia die Sonne!

Damit Sie nicht vergessen, dass der Grundzustand der Liebe die Umnachtung ist, erinnern Sie sich gegenseitig immer wieder daran (die berühmte Balkonszene, hier leicht gekürzt):

Romeo: *Denn über meinem Haupt erscheinest du*
der NACHT so glorreich wie ein Flügelbote ...
Julia: *Wer bist du , der du, von der NACHT beschirmt,*
dich drängst in meines Herzens Rat? ...
Wenn einer meiner Vettern dich hier findet! ...
Romeo: *Vor ihnen hüllt mich NACHT in ihren Mantel.*
Liebst du mich nicht, so lass sie nur mich finden ...
Julia: *Du weißt, die NACHT verschleiert mein Gesicht.*
Sonst färbte Mädchenröte meine Wangen ...
Romeo: *O sel'ge, sel'ge NACHT! Nur fürcht ich, weil*
mich NACHT umgibt, dies alles sei nur Traum ...
Julia: *Drei Worte Romeo, dann gute NACHT.*
Wenn deine Liebe ...

Romeo:	*Beim ew'gen Heil!*
Julia:	*Nun tausend gute NACHT!*
Romeo:	*Raubst du dein Licht ihr, wird sie bang durchwacht …*
Julia:	*Nun gute NACHT! So süß ist Trennungswehe,* *ich rief wohl gute NACHT, bis ich den Morgen sähe.*
Romeo:	*Schlaf wohn' auf deinem Aug, Fried in der Brust!* *O wär ich Fried und Schlaf und ruht in solcher Lust!* *(II, 2)*

Im Übrigen konnte man zu Shakespeares Zeit dem Theaterbesucher nicht oft genug sagen, dass es sich hier um eine Nachtszene handelt, denn die Vorstellungen mussten nachmittags, bei Tageslicht stattfinden (sicherheitshalber wurde noch ein Tuch mit aufgemaltem Mond entrollt). Trotz aller nachtschwarzen Melancholie und Todesahnung schwingt in den berühmten Liebeserklärungen eine Komik mit, die nur noch das Pathos von Laiendarstellern braucht, um zur Parodie gesteigert zu werden. Zettel, Shakespeares größter Laiendarsteller, gibt im *Sommernachtstraum* eine Vorstellung davon, wie er wohl auch den Romeo gespielt hätte. Zettel (als Pyramus):

O dunkle Nacht, o Nacht so schwarz wie Nacht!
O Nacht die ewig währt bis auf die Tage!
O Nacht, o Nacht, o wehe, weh, o acht!
Vergisst mich Thisbe, das ist hier die Frage.
Und du, o Wand, o süße Wand, o Wand,
stehst zwischen ihrem Vaterhaus und mir
Du Wand, o Wand, o süße Wand, o Wand
Zeig mir den Ritz, dass ich hinüberstier.
(Sommernachtstraum V, 1; übersetzt von F. Günther)

Liebesnacht Nr. 2 (mit Bett und Vögeln)

Konnten Sie bis jetzt von Romeo und Julia durch Nachahmung lernen, wird es von nun an kompliziert. Zum einen brauchen Sie als Romeo einen Franziskanerbruder wie Lorenzo und als Julia eine leicht ordinäre Amme, zum anderen benötigen Sie eine sich verschärfende gesellschaftliche Lage, die die Tragödie vorwärts treibt. Bis sie miteinander im Bett landen, hat Folgendes zu passieren:

➢ Heimliche Trauung durch Bruder Lorenzo, der mit den schönsten Hochzeitsworten grüßt:

Da kommt das Fräulein. O, ihr leichter Schritt
kratzt nicht an eines Kiesels Ewigkeit.
Verliebte tanzen auf den Spinnenfäden,
die durch die warmen Sommerwinde gleiten,
und fallen nicht. So leicht ist Nichtigkeit.
(II, 6; übersetzt von F. Günther)

➢ Duellkatastrophe: Gegen fürstliche Vorschrift provoziert Romeos Freund Mercutio den gegnerischen Kampfgockel Tybalt, Romeo schlichtet schlecht, denn Tybalt schlachtet schließlich Mercutio. Romeo rast und tötet Tybalt. Romeo flüchtet, der Fürst flucht: Verbannung Romeos aus Verona!

Jetzt erst, bevor er nach Mantua türmt, stürmt Romeo Julias Brautbett. Hier können wir mit einsteigen, obwohl das Gespräch am Morgen „danach“ so originell ist wie eine Diskussion darüber, ob der Wecker geklingelt hat. Da uns die Nacht selbst, so dramatisch sie gewesen sein mag, nicht dramatisiert vorliegt, müssen wir uns mit dem laienhaftesten Beitrag zur Vogelkunde begnügen, der es je zu Berühmtheit brachte. Julias Ornithologie, das ist die Fortsetzung des Liebesspiels mit den Waffen der Rhetorik:

Julia: *Willst du schon gehn? Der Tag ist ja noch fern,*
Es war die Nachtigall und nicht die Lerche,
die eben jetzt in dein banges Ohr durchdrang,
Sie singt des Nachts auf dem Granatbaum dort.
Glaub, lieber, mir: es war die Nachtigall.
Romeo: *Die Lerche wars, die Tagsverkünderin …* *(III, 5)*

Goldene Worte, aber irgendwie unbefriedigend. Eine realistischere Variante bieten die Drehbuchautoren Norman und Stoppard in *Shakespeare in Love.* Will (Joseph Fiennes), der Filmheld mit Schreibblockade, hat gerade mit Hilfe der Hauptdarstellerin seines noch unfertigen Stückes, der adeligen Viola de Lesseps (Gwyneth Paltrow), seine libidinös-literarischen Ladehemmungen überwunden.
Innen. De Lesseps Haus. Violas Schlafzimmer. Morgendämmerung:

Viola:	*Du wirst mich doch nicht verlassen?*
Will:	*Ich muss. Schau, wie es bleich durchs Fenster scheint.*
Viola:	*Mondlicht!*
Will:	*Nein, der Hahn hat mich geweckt.*
Viola:	*Es war die Eule, komm ins Bett!*

Zu Lerche, Nachtigall, Hahn und Eule gesellt sich noch die Amme, die zum Aufbruch mahnt. Während der Film plausibel Kunst- und Hormonproduktion miteinander verknüpft und einfach zur Theaterprobe mit Will und Viola überblendet, muss der Zuschauer des Originals bis zum endgültigen Abschied noch Sätze über sich ergehen lassen wie diese:

Julia: *Es tagt, es tagt, auf, eile fort von hier!*
Es ist die Lerche, die so heiser singt.
Und falsche Weisen, rauhen Misston gurgelt.
Man sagt, der Lerche Harmonie sei süß;
Nicht diese: sie zerreißt die unsre ja.

Nun gut, Julias Abschiedsworte erinnern daran, dass wir im Augenblick der Trennung manchmal die absurdesten Dinge verhandeln. Wer hat sich beim Frühstück nicht schon mit den größten Nebensächlichkeiten Lebewohl gesagt („... und vergiss nicht, Katzenstreu zu besorgen." „Iss den Avocado-Salat, der muss weg.") Warum also nicht von gurgelnden Lerchen reden? Wer rechnet schon damit, dass es die letzten Sätze sind, die man miteinander wechselt? Und überhaupt: wie trennt man sich nach der ersten Nacht? Morgens, bei Licht betrachtet, ist manche Liebe schon erschrocken. Wollen Sie sich elegant aus der Affäre ziehen, merken Sie sich folgende Worte:

Julia: *Mein Auge trügt mich, oder bist du bleich?*
Romeo: *So, Liebste, scheinst du meinen Augen auch.*
Der Schmerz trinkt unser Blut. Leb wohl, leb wohl.

Das sind die letzten Verse, die die lebenden Liebenden einander zurufen. Ihr First-Night-Stand bleibt One-Night-Stand. Die nächste Umarmung findet auf dem Totenbett statt.

3. Das verrückteste Liebhaber-Theater

(aus dem Sommernachtstraum)

Testfrage: Was haben Sex und Theater gemeinsam?
Antwort: Beides ist schön, macht aber viel Arbeit. Darüber hinaus ist die Palette der Parallelen derart groß – angefangen von A wie Anstrengung über E wie Erregung und Ö wie öffentliches Ärgernis bis Z wie Zensur und Zote – , dass beide Künste so gut wie deckungsgleich zu sein scheinen.

Die Gemeinsamkeiten lassen sich etwa so zusammenfassen:

1. Beides ist um so schöner, je stärker die Fantasie erregt wird.
2. Beides unterliegt der Täuschung, man könne sich gegenseitig etwas vormachen.
3. In jedem Fall sind die verrücktesten Liebhaber die besten.

ICH NUTZE DIESEN AUGENBLICK SOGLEICH,
MIT EINEM ESELSKOPF IHN ZU BEGABEN...
EIN SOMMERNACHTSTRAUM, III. AKT, SZ. 2

Mit einem Wort, Sex und Theater, das ist: *Ein Sommernachtstraum.* Waren wir mit Romeo und Julia aus der Glut südlicher Nächte in eine kühle Gruft geflüchtet, müssen wir es nun wenigstens eine Nacht lang im Freien aushalten und uns dem verstörenden Liebeszauber von Waldgeistern ausliefern – in Shakespeares verrücktestem Liebhaber-Theater aus dem Jahre 1595/96: *A Midsummer Night's Dream.* Drehen wir also die Außentemperatur hoch und erlauben wir es der Sommerhitze, dass sie die Leidenschaften zum Siedepunkt bringt.

Der kalendarische Sonnenhöchststand, die Johannisnacht oder „midsummernight" bewirkt nach altem Volksglauben auch die Erregungsspitze der Naturgeister. Zu Shakespeares Zeit wird diese Nacht mit entfesseltem Mummenschanz und fröhlichem Besäufnis gefeiert. Bitte öffnen Sie jetzt die Gürtel und lassen Sie sich gehen! Wenn Traum und Wirklichkeit in dieser Nacht verschmelzen, liegt es einfach an der „midsummer madness", dem mittsommerlichen Wahnsinn, der nach glühend heißen Tagen, wie man glaubte, Mensch und Tier ergreifen und durch die Sommerwälder jagen kann.

Ziehen Sie leichte Kleidung und festes Schuhwerk an! Vom Fürstenpalast aus geht es in den Athener Wald, jenseits der Wanderwege, versteht sich. Vergessen Sie bitte das Insektenspray! Was um Sie herum summt und brummt und Sie um den Verstand flötet, ist vom Aussterben bedroht. Es sind die uralten Entfesselungskünstler der Gefühle: Naturgeister und Elfen, die Sie bei diesem Nachtausflug begleiten. Chefkobold Puck, auch Droll, Robin Gutfreund oder Hobglobin genannt gibt das Zeichen zum Beginn. Halten Sie sich (und ein paar Heftpflaster) bereit!
Im Verlauf Ihres Sich-Verlaufens wird Ihnen Pucks Panik-Orchester ein schräges Potpourri aus *Sommernachtstraum*-Melodien präsentiert. Henry Purcells Feenkönigin von 1862 wird abgelöst von Felix Mendelssohn Bartholdys romantischer Eleganz von 1843 und überblendet von Erik Saties Fantasien, deren französischer Titel selbst wie eine Zauberformel klingt: *Cinq grimaces pour „Un songe d'une nuit d'été"* – ßöngrimasspurönsongschdünnüedeeteeh!
Und nun geben Sie sich den Funktionsstörungen Ihrer Vernunft hin und irren Sie durch die verrückteste Vorstellung Ihres Vorstellungsvermögens! Vorhang auf – beziehungsweise: Augen zu und durch!

Verwandeln Sie sich!

Noch scheint alles nüchtern und vernünftig, wenn auch unterschiedlich niveauvoll. Ein bunter Reigen der Wahnanwärter stellt sich zur Wahl: In wen wollen Sie sich verwandeln? Von wem wollen Sie verzaubert werden?
In drei Klassen lassen sich die Sommernachtsträumer einteilen: in „Aristokraten", in „Handwerker" und in „Waldgeister". Im Verlauf des Stückes wird man sich begegnen und die unglaublichsten Geschichten vorspielen. Das heißt: Höflinge und Handwerker geraten ins Reservat der Waldgeister und damit in Amors freie Wildbahn. Vernünftige Vertreter

der Zivilisation verirren sich in der leidenschaftlichen Natur. Nach (alp)traumhaften Liebesabenteuern kehren sie zurück in die Schranken der Kultur und feiern sich selbst mit kultureller Beschränktheit: Die Handwerker führen zur Fürstenhochzeit ihr Laientheater *Pyramus und Thisbe* auf – sehr frei nach einer Episode aus den *Metamorphosen* Ovids. „Metamorphose" – Verwandlung, das ist das Zauberwort. Städtisch-zivilisiertes „Vorher" verwandelt sich in waldig-wahnwitziges „Nachher", das ist die Bildfolge der Verrücktheit.

Vorher: Gezügelte Gefühle, standesgemäßes Verhalten – „Athen"

Nachher: Triebhafte Sinnlichkeit, klassenloser Wahnsinn – „Wald"

Adlige Athener verwandeln sich in wilde Waldläufer – und ein einfacher Handwerker steigt zum eselsköpfigen Galan der Elfenkönigin auf. Die aristokratischen, rüpelhaften und elfengleichen Wahnsinnstypen stellen sich vor …

Aristokratische Wahnsinnstypen

Theseus

Herzog eines zeitlosen Fantasie-Athens. Hat die Amazonenkönigin Hippolyta erobert und eröffnet das Stück mit „now", dem Wunderwort des Augenblicks: *„Nun rückt, Hippolyta, die Hochzeitsstunde mit Eil heran …"*

Sie will mit seiner Fürstenhochzeit und viel „Pomp, Triumph, Bankett und Spielen" seine „injuries" an Hippolyta wieder gutmachen (also „Verletzungen", was alles bedeuten kann, von Beleidigung bis Vergewaltigung). Er ist versnobt, großspurig, aufgeklärt-tyrannisch; liebt die unfreiwillige Komik des Laientheaters und gefällt sich in bissigen Kommentaren.

Hippolyta

Erniedrigte Ex-Amazonenkönigin, übt sich ihrem künftigen

Gatten gegenüber in Zurückhaltung. Sie ist nachdenklich, vorsichtig. Unterdrückt vermutlich ihr kriegerisches Temperament, bemitleidet die verspotteten Laienschauspieler und spottet ein bisschen mit *(„Ich habe den Mond satt, ich wollte er änderte sich“).* Teilt mit Theseus ein herrisches Hobby: Jagdausflüge mit großer Hundemeute, deren Kläffkonzert sie „süßes Donnern“ nennt.

Hermia

Adeliges Athener Fräulein, liebt den jungen, gleichfalls adeligen Lysander, soll aber nach dem Willen ihres Vaters Egeus mit dem jungen, gleichfalls adeligen Demetrius verheiratet werden. Egeus, von Theseus unterstützt, lässt ihr die Wahl: a) Heirat des Demetrius, b) Kloster – lebenslänglich, c) Tod – Angesichts dieser verlockenden Alternativen wählt sie d) Flucht mit dem Geliebten Lysander.
Sie wird im Wald selbst nicht verzaubert, aber von ihrem verzauberten Geliebten verlassen, der plötzlich ihre Freundin Helena liebt; wird wahnsinnig wütend, streitet sich mit Helena und offenbart dabei einen kleinen Minderwertigkeitskomplex:

Und stehst du nun so groß bei ihm in Gunst,
Weil ich so klein, weil ich so zwerghaft bin?
Wie klein bin ich, du bunte Bohnenstange?
Wie klein bin ich? Nicht gar so klein, dass nicht
Dir meine Nägel an die Augen reichten. *(III, 2)*

Ansonsten ist sie so liebes- und lebensmutig, hübsch und zäh, dass es einen Wald voller Verrückter braucht, sie aus der Bahn zu werfen.

Helena

Wie Hermia von hohem Stand, aber von höherem Wuchs als diese; seit Kindertagen Hermias „beste Freundin“ – das heißt:

im Geschlechterkampf die ewige „zweite Wahl". Liebt Demetrius abgöttisch und folgt diesem in den Wald, als er Hermia und Lysander nachsetzt. Bietet sich Demetrius mit fragwürdigem Masochismus an:

Begegnet mir wie eurem Hündchen nur,
Stoßt, schlagt mich, achtet mich gering, verliert mich:
Vergönnt mir nur, unwürdig wie ich bin,
Euch zu begleiten …

Und bekommt zu hören:

Erreg nicht so den Abscheu meiner Seele
Mir ist schon übel, blick ich nur auf dich. *(II, 1)*

Wird wie Hermia im Wald nicht selbst verzaubert, sondern das Opfer verzauberter, liebestoller Männer: Lysander und Demetrius beten die bisher Verschmähte an und wollen um sie kämpfen; sie fühlt sich von allen so verhöhnt und hintergangen, dass es zum Davonlaufen ist:

Sind eure Hände hurtiger zum raufen,
So hab ich längere Beine doch zum Laufen. *(III, 2)*

UMWORBENE HELENA

Wird am Schluss mit Demetrius verheiratet, dessen liebesverzauberter Blick nicht zurückverwandelt wird.

LYSANDER
Junger adeliger Athener, Liebhaber der Hermia, von deren Vater Egeus angeklagt, sie „verhext" zu haben („bewitched" – ein Vorgeschmack auf das, was kommt):

Du sangst im Mondlicht unter ihrem Fenster
Mit falscher Stimme Lieder falscher Liebe! *(I, 1)*

Wirkungsvolle Lysander-Liebeszauber-Mittel sind außerdem Ringe, Blumensträuße, Haarlocken, Konfekt, Naschzeug, Firlefanz und billiger Modeschmuck. Überredet Hermia zur Flucht zu einer reichen Erbtante jenseits des Waldes, die sie dann aber nicht erreichen.
Wird von Puck im Wald mit Liebesblumensaft beträufelt, liebt schlagartig Helena, hasst Hermia und will Demetrius töten. Muss schließlich entzaubert werden und wundert sich, dass er im Wald erwacht. Heiratet mit fürstlicher Erlaubnis Hermia.

DEMETRIUS
Junger adeliger Athener, will unbedingt Hermia zur Frau (obwohl er schon mit Helena ein Techtelmechtel hatte); verfolgt die fliehenden Hermia und Lysander und wird von Helena hartnäckig verfolgt, die er gerne dem Appetit wilder Tiere überlässt.
Wird von Puck mit Liebesblumensaft beträufelt, liebt schlagartig Helena, hasst Hermia und will Lysander töten. Benimmt sich im allgemeinen frauen- und schauspielerverachtend – ein Macho, der auch nach der Nacht im Wald verzaubert bleibt und daher nichts gegen eine Heirat mit Helena hat.

Rüpelhafte Wahnsinnstypen

KLAUS ZETTEL, WEBER

Heißt im Englischen „Bottom" – mit gutem „Grund": ohne ihn gäbe es weder das Theater auf dem Theater noch das tierische Liebestreiben im Wald. Als Laie ein absoluter Profi, eine lebende One-Man-Show. Spielt jede Rolle besser als jeder andere und könnte alles auf einmal spielen – muss sich aber mit der Rolle des „Pyramus" begnügen. Gibt von seinem Können gleich zu Beginn, als die Rollen verteilt werden, unverlangte Proben. Berühmtestes Angebot:

Lasst mich den Löwen auch spielen, ich will brüllen,
dass es einen Menschen im Leibe wohltun soll,
mich zu hören.
Ich will brüllen, dass der Herzog sagen soll:
Noch mal brüllen, noch mal brüllen! (I, 1)

Den kollegialen Einwand, dass diese Schrecken erregende Leistung alle an den Galgen brächte, beantwortet er souverän:

... ich will euch so sanft brüllen,
wie ein säugendes Täubchen:
Ich will euch brüllen als wär es 'ne Nachtigall.

Ist eigentlich als Liebhaber der Kunst verrückt genug, wird aber trotzdem im Wald von Puck verzaubert, während er bei einer Probe auf sein Stichwort wartet. Als er mit Eselskopf aus dem Gebüsch auftaucht, fliehen seine Kollegen vor Schreck. Weckt mit seinem Gesang Titania, die – vom Liebesblumensaft beträufelt – sich augenblicklich in den Eselskopf verliebt und mit ihm als Liebespaar vielleicht das bekannteste Sinnbild des *Sommernachtstraums* abgibt (man denke an das Gemälde von Heinrich Füssli, *Titanias Erwachen*, 1793/94).

Findet sich mit dem Eselskopf ab, lässt sich vom Feenhofstaat verwöhnen, will diese animalischen Erfahrungen nach seiner Entzauberung künstlerisch verarbeiten lassen und gibt die beste Traumdeutung:

> *Ich hab ein äußerst rares Gesicht gehabt. Ich hatte 'nen Traum – 's geht über Menschenwitz zu sagen, was es für ein Traum war. Der Mensch ist nur ein Esel, wenn er sich einfallen lässt, diesen Traum auszulegen. Mir war, als wär ich – kein Menschenkind kann sagen, was. ... Ich will den Peter Squenz dazu kriegen, mir von diesem Traum eine Ballade zu schreiben; sie soll Zettels Traum heißen, weil sie so seltsam angezettelt ist, und ich will sie gegen das Ende des Stücks vor dem Herzoge singen ... (IV, 1)*

Anstelle von Peter Squenz haben neuere Komponisten und Autoren wie Hans Werner Henze *(Bottoms Dream)* und Arno Schmidt *(Zettels Traum)* diesen künstlerischen Auftrag ausgeführt.

Peter Squenz (Quince), Zimmermann

Der Shakespeare der Laienspieltruppe, der die Texte bearbeitet, Rollen verteilt, Regie führt, wenn es nötig ist, und souffliert. Hat die Ehre, anlässlich der Fürstenhochzeit seine Ovid-Bearbeitung als Zwischenspiel aufführen zu dürfen: *„Die höchst klägliche Komödie und der höchst grausame Tod des Pyramus und der Thisbe."* Könnte schon bei den Theaterproben die Nerven verlieren, verliert sie aber erst, als er mit seinen „Meisters" von Puck in die Flucht gejagt wird. Er hält einen bemerkenswerten Prolog der beweist, wie sinnentstellend falsche Zeichensetzung sein kann – und was der Sinn von modernem Theater ist:

> *Wenn wir missfallen, ist es unser Wille,*
> *Dass ihr nicht denkt. Wir kommen zu missfallen,*

Nur das ist unser Streben. Kunst in Fülle
Niemals. Soll euer Widerwille wallen…
(V, 1; übersetzt von F. Günther)

Franz Flaut (Flute), Blasbalgflicker
Im Laienspiel die schöne „Thisbe" – sein Einwand, er bekäme schon Bartstoppeln, wird entkräftet: Er würde sowieso mit Maske spielen und könne so hauchig sprechen, wie er wolle.

Tom Schnauz (Snout), Kesselflicker
Gibt die tragische „Wand", die Pyramus' und Thisbes verfeindete Elternhäuser trennt, aber über einen kommunikativen Spalt verfügt, dargestellt durch zwei gespreizte Finger. Stellt sich sicherheitshalber dem Publikum vor. Ein guter Komiker spielt als Wand alle an die Wand.

TOM SCHNAUZ, „DIE WA…

Schnock (Snug), Schreiner
Entschuldigt sich bei den zuschauenden Damen, dass er den „Löwen" spielt und wird dafür von Demetrius gelobt: *„Das Beste von Bestien, gnädiger Herr, was ich je gesehen habe."* Und der Herzog bestätigt: *„Gut gebrüllt, Löwe!"*

Matz Schlucker (Robin Starveling), Schneider
Hat die erhellende Aufgabe, der Laien-Light-Designer der Ovid-Tragödie zu sein. Tritt mit Laterne, Dorngestrüpp und Hund auf. Kommt zunächst über den ersten Satz seiner Selbstvorstellung als Mond nicht hinaus, weil er vom witzigen

Publikum immer unterbrochen wird. Ein dünner Schneider-Mond vermutlich. „*Das kleine Licht seiner Vernunft zeigt, dass er im Abnehmen ist*“, scherzt Theseus.

Elfengleiche Wahnsinnstypen

OBERON, ELFENKÖNIG
Wird nicht verzaubert, sondern lässt verzaubern. Sein Streit mit der Elfenkönigin Titania um einen indischen Edelknaben entfesselt eine ökologische Krise mit Klimaveränderung, Stürmen und Ernteausfällen:

Der Lenz, der Sommer,
Der zeitigende Herbst, der zornige Winter,
Sie alle tauschen die gewohnte Tracht
Und die erstaunte Welt erkennt nicht mehr
An ihrer Frucht und Art, wer jeder ist. *(II, 1)*

(Eine „märchenhafte“ Erklärung für die Missernten und Hungersnöte, die England zur Zeit des *Sommernachtstraums* erleben musste.) Nach Bespitzelung der athenischen Liebespaare beauftragt er Puck für geordnete Verhältnisse zu sorgen, wodurch alles noch schlimmer wird.
Er erpresst erfolgreich von Titania den begehrten Knirps, indem er sie verzaubert und mit ihrer Eselsliebe beschämt. Hat Sympathie für Liebende, bringt schließlich alles ins Lot – und segnet, obwohl selbst ein zügelloser Betthüpfer und Umweltsünder, die Hochzeitsgesellschaft mit den Worten:

... Jedes dieser Paare sei
Ewiglich im Lieben treu;
Ihr Geschlecht soll nimmer schänden
Die Natur mit Feindeshänden ... *(V, 1)*

Titania, Elfenkönigin

Wird von Oberon mit Zauberblumensaft behandelt und kann von Glück sagen, dass das erste Lebewesen, das ihr verhextes Auge erblickt, der Schauspieler Zettel ist (wenn auch mit Eselskopf). Oberons rachelustige Hoffnungen gingen in Richtung *„Brummbär, Kater, Luchs / borstg'er Eber oder Fuchs …"*

Zeigt mit ihrer Hingabe, dass der größte Esel von einem Mann in den Augen einer liebenden Frau zum Apoll wird – auch wenn er sich wie ein Pascha bedienen lässt (Ohrenkraulen, Futter bringen etc.). Hält sich als Bedienstete die Elfen Bohnenblüte, Spinnweb, Motte und Senfsamen – Namen, die angeblich zu Shakespeares Zeit auf stimulierende Liebesmittel hinwiesen – und heute vermutlich Gelée Royal, Selleriestange, Poppers und Viagra heißen würden.

Puck (Droll, Robin Goodfellow)

Kobold und eigentlicher König des Wahnsinns. Erhält von Oberon den Auftrag die Wunderblume zu suchen, eine „love in idleness" („Lieb im Müßiggang", besser bekannt als Stiefmütterchen), das einst nach einem Fehlschuss Amors auf eine königliche Priesterin vom Liebespfeil getroffen worden war und sich liebesrot verfärbte:

Ihr Saft geträufelt auf entschlafne Wimpern
Macht Mann und Weib in jede Kreatur
Die sie zunächst erblicken, toll vergafft …

Puck holt sie mit Raketenantrieb –

Rund um die Erde zieh ich einen Gürtel
In viermal zehn Minuten … *(II, 1)*

– und stiftet vermittels dieser Liebesdroge anschließend die schönste Verwirrung. Er ist durchaus bösartig und schaden-

froh und ganz und gar nicht so drollig, wie ihn die Bühnen der Romantik gerne zeigen: als pfiffiges Ballettspringerchen in rotblauem Trikot – erst Gertrud Eysoldt in Max Reinhardts berühmter Inszenierung von 1905 zeigt diese Figur tierisch und tückisch und tobt mit Schwanz und Laubhaube durchs Unterholz – „ein dämonischer Schusterlehrling“, wie der Kritiker Alfred Polgar schreibt.
Ein Regieeinfall Reinhardts zum Stückschluss würde sicherlich auch heute noch das Publikum beeindrucken: Mit dem Fall des großen Vorhangs fährt Puck vom Bühnenportal herab und sagt jenen Abschiedsspruch, den nur gute *Sommernachtstraum*-Inszenierungen ohne Lacher überstehen:

Wenn wir Schatten nicht gefielen,
O so denkt bei unsern Spielen,
Dass ein Schlummer euch befiel,
Dass ihr träumtet unser Spiel …

4.
Die fiesesten Rachepläne
(mit Jago und Shylock)

Hand aufs Herz: Wären Sie nicht ganz gerne ein bisschen böse? Hätten Sie nicht Lust, die mühsamen Moralvorschriften durch die fiese Devise zu ersetzen: Ich mach was mir Spaß macht, und das ist nicht das, was euch Spaß machen wird!? Klingen nicht solche Bestseller-Titel verlockend: *Gute Mädchen kommen in den Himmel, böse überall hin oder Böse Männer kommen in jedes Bett …?* Wie bitte – Sie möchten schon, glauben aber, Sie können gar nicht richtig gemein sein? Tief in Ihnen schlummert das Talent zum Bösen. Sie müssen es nur noch aufwecken …

Willkommen in Shakespeares „Kleinem Horrorladen“

Wenn Sie sich zu schwach fühlen sich zu verändern, sagen Sie sich mit Jagos Losung:

> *Ach was. An uns selber liegts, ob wir so sind oder so. Unser Körper ist ein Garten und unser Wille ist der Gärtner dazu. Ob wir also Nesseln drin pflanzen wollen oder Salat säen … ihn nur mit einer Pflanzenart oder mit einer bunten Vielfalt besetzen wollen; ob wir ihn durch Nichtstun unfruchtbar werden lassen oder ihn fleißig düngen wollen -, ach, das steht in unserer Macht, und das alles können wir ändern und korrigieren, je nach unserem Willen. (Othello I, 3; übersetzt von E. Fried)*

Züchten wir also unser böses kleines Pflänzchen, besuchen wir Shakespeares Little Shop of Horrors und seine venezianischen Spezialfloristen für die Blumen des Bösen. Treten Sie ein – Sie werden mit ausgesucht höflichem Lächeln begrüßt von Shylock und Jago. Beide geben Ihnen damit schon die erste Lektion in „Schurkisch“: bitte immer recht freundlich!

Stellen wir die beiden Erzschurken kurz vor:
JAGO
Soldat im Range eines Fähnrichs, verheiratet mit Frau Emilia, keine Kinder, Katholik. Verewigt als Intrigant in: *The Moor of Venice – Othello, der Mohr von Venedig,* Tragödie; uraufgeführt 1604, Globe-Theatre, London (Stückvorlage: venezianische Erzählung von Cinthio, 1566).

SHYLOCK
Jüdischer Kreditunternehmer und Diamantenhändler, verwitwet, eine Tochter (im heiratsfähigen Alter): Jessica. Verewigt als hartherziger Rächer in: *The Merchant of Venice – Der Kaufmann von Venedig,* Komödie; uraufgeführt um 1595, London (Stückvorlage: italienische Novelle Fiorentinos von 1378).

Erste Lektion: Zeigen Sie Zähne!

Nehmen Sie einen Spiegel zur Hand und betrachten Sie Ihre Zähne: große, gefährliche, böse Beißerchen! Aus Ihrem Rachen lacht die Rache, Sie Bestie!
Natürlich sieht es wie ein Lächeln aus. Lächeln ist ein aggressives Verhaltensrelikt aus unserer tierischen Frühvergangenheit. Wir reagieren auf unklare Rivalitätsverhältnisse, auf das Auftauchen von Nebenbuhlern und bei Angst oder Wutgefühlen, indem wir unsere natürlichen Waffen präsentieren. Auch ein kollegialer Witz kann ein Angriff sein. Haben Sie schon einmal einen Affen in Panik gesehen – genau, also: Gebiss entblößen und zeigen, womit man zurückbeißen könnte, aber aufpassen, dass es nicht zu verkrampft ausschaut.

Dass einer lächeln kann und immer lächeln
Und doch ein Schurke sein! *(Hamlet I, 5)*

Was für Hamlet angesichts seines mörderischen Stiefvaters ein Widerspruch zu sein scheint, ist in Wahrheit der erste

Trainingsschritt zum Schurkischen. „Lächeln Sie!" Sollten Sie schlechte Zähne haben, sorgen Sie sich nicht – vermutlich wirken Sie sogar noch schurkischer.
Apropos Zahnhygiene – denken Sie daran: was ist süß und schadet nicht den Zähnen? Rache, richtig.

Zweite Lektion: Ab ins Treibhaus der Durchtriebenen!

Entscheidend dafür, dass die Saat des Bösen aufgeht, ist ein wachstumsförderndes Klima. Es ist kein Zufall, dass wir die beiden Meister des Mies-Managements ausgerechnet in Venedig antreffen. Die Lagunenstadt ist zur Zeit der Spätrenaissance (um 1570) weniger ein romantisches Plätzchen für Verliebte als ein Kanalsystem für korrupte Karrieristen aller Art.
Als freier Stadtstaat unter Leitung des Dogen und seines Senats ist Venedig Zentrum des Welthandels mit einer mächtigen Kriegs- und Handelsflotte – und bietet mit seinen 200 000 Einwohnern eine hochverdichtete Atmosphäre aus Ehrgeiz, Machtstreben und Erfolgsdruck, dem London Shakespeares darin nicht unähnlich.
In einer solchen Dunstglocke aus Missgunst und Gier gedeiht auch Ihr zartes Pflänzchen Hass – setzen Sie es einmal dem Treibhauseffekt der Großstädte aus: Besuchen Sie die Frankfurter Börse, klemmen Sie sich morgens in die Tokioter Schnellbahn, balancieren Sie mit Handy, Sandwich und Terminplaner über die Wall-Street – das ist Venedig! Das ist Ihre Welt!
Das ist die große Oper der durchtriebenen Gefühle – zur Anregung legen Sie Guiseppe Verdis *Otello* von 1887 auf – oder Fugo Fuhrmanns Rockoper von 1993!

Dritte Lektion: Wer das Meer liebt, wird gehasst!

Herangereift im schweißnassen Klima des Großstadtdschungels sind Sie nun kräftig genug, um Ihren Rachefeldzug zu starten. Zunächst: Suchen Sie sich ein geeignetes Opfer …

In Ihrem Arbeitsalltag und Geschäftsumfeld werden sich sicher diese unausstehlichen Gewinnertypen finden, die in der Sonne des Erfolges glänzen – und Sie permanent in den Schatten stellen: dynamische Jungkollegen, engagierte Mitarbeiterinnen, ausbeuterische Vorgesetzte – oder: konkurrierende Unternehmerinnen, Parteigegner, feindliche Konzerninhaberinnen – da wird doch ein Hasskandidat aufzutreiben sein … ? Nehmen Sie aber nicht gleich den einfältigen Pappbecher am Nachbarschreibtisch, dessen Hauptfehler es ist, schlechte Witze zu erzählen. Fragen Sie sich lieber: Wer hat Ihre Rache wirklich verdient? Nehmen Sie sich ein Beispiel an Jago und Shylock: Greifen Sie die Spitzenkräfte an, unter denen Sie leiden!

Unsere Opferbeispiele heißen Antonio, Kaufmann von Venedig und Othello, Mohr von Venedig. Beiden gemeinsam ist, dass sie Abenteurer sind – und Abenteurer sind die geborenen Opfer! Abenteurer sind naiv: Sie glauben ans Glück, ans Überleben und an den Erfolg, d.h. sie sind gutgläubig aus Prinzip und leicht beeinflussbar. In unserem Fall: zwei Glücksspieler zur See, die ihre wirtschaftlichen oder militärischen Erfolge dem wässrigen Element verdanken (wer sich dem Meer, Fortunas Swimmingpool, anvertraut, liefert sich ihren riskanten Badespielen aus …). Antonio hat fünf Handelsschiffe, die seinen gesamten Besitz darstellen, auf den Weltmeeren segeln. Othello wird als Offizier der venezianischen Kriegsmarine vor Zypern gegen die türkische Bedrohung kämpfen. Antonios und Othellos Charaktere sind wie ihr Lieblings-Element, das Meer: offen, großzügig, launisch, stürmisch, abgründig (wobei Antonio die melancholische Stille, Othello die aufbrausende Gewalt verkörpert). Gemüter, die nur darauf warten, betrogen und zerstört zu werden.

Antonios Schwachstelle ist seine Freigebigkeit. Als ihn Freund Bassanio anpumpt, um die Brautwerbung bei der schönen Portia in Belmont zu finanzieren, nimmt er bei Shylock einen Kredit über 3000 Dukaten auf und bürgt dafür mit einem ungewöhnlichen Schuldschein …
Othellos Schwachpunkt ist seine eifersüchtige Liebe. Er hat es als Schwarzer und Nichtvenezianer mit Fleiß und Ehrgeiz zu höchsten militärischen Ehren gebracht und steht kurz davor, in die weiße Oberschicht einzuheiraten; seine Braut ist die wohlhabende Senatorentochter Desdemona. Als er zum Einsatz gegen die Türken gerufen wird, vertraut er sie dem Schutz seines Kriegskammeraden Jago an …
Othello und Antonio: zwei venezianische Glücksritter, die auf Freundschaft und Vertrauen bauen…Das bedeutet für Sie: Wer Gefühle zeigt, wer mitmenschlich, tierlieb oder kinderfreundlich ist und mit seinen Topfpflanzen spricht, eignet sich als Opfer – beobachten Sie es und suchen Sie seine seelische Sollbruchstelle!
Die besten Hasskandidaten sind offenherzige „Meerestypen", Menschen, auf die zutrifft, was ein Freund zu Antonios grundlos trübsinnigen Befinden erklärt:

Eur' Sinn treibt auf dem Ozean umher … *(I,1)*

Oder wie Othello von sich sagt:

… liebt ich die holde Desdemona nicht,
Nie zwäng' ich meinen sorglos freien Stand
In Band' und Schranken ein, nicht um die Schätze
Der tiefen See. *(I, 2)*

Also, wer das Meer liebt, wird gehasst. Wenn Ihr Chef eine Yacht hat, großartig! Oder Ihre Abteilungsleiterin verbringt Ihren Jahresurlaub an der See – die ist es! Schauen Sie genau hin: eine Meerschaumpfeife im Mundwinkel Ihres Direktors? Ein marineblaues Halstuch an Ihrer Oberärztin? – Qualifizierte Opfer! Fehlen nur noch Hassmotive, und zwar starke…

Vierte Lektion: Vier ultrastarke Hassmotive

Sie haben Ihren Kandidaten/Ihre Kandidatin gefunden, jetzt zeigen Ihnen Jago und Shylock die vier definitiv besten Gründe jemanden zu hassen. Die ersten beiden Motive sind Jagos Spezialität, die letzten beiden Shylocks.

Beruflicher Misserfolg

Jago hat guten Grund seinen Vorgesetzten Othello zu hassen: Bei der letzten Beförderungswelle ist er von ihm übergangen worden – trotz besserer Qualifikation (riskante Militäreinsätze) und hochrangigen Empfehlungen ist an seiner Stelle ein gewisser Michael Cassio zum Leutnant ernannt worden – eine Nulllösung, ein Theoretiker, ein Stubenhocker mit weibischer Ausstrahlung.

Mit Jago können Sie einen Karriereknick, Beförderungsstau, Bewerbungsdurchfall etc. so kommentieren:

Beförderung geht nach Protektion und Laune
Nicht nach dem alten Dienstrang, wo der Zweite
Des Ersten Erbe war. Freund, urteil selbst,
Ob mich noch irgendetwas bindet, diesen
Mohren zu lieben. *(I, 1; übersetzt von E. Fried)*

Partnerschaftliche Untreue

Jago hat ein offenes Ohr für Kollegentratsch, der unter die Gürtellinie geht – und zwar unter die seiner Emilia:

Den Mohren hass ich, und es heißt auch,
Dass er in meinem Bett mein Amt versehen hat.
Ich weiß nicht, ob es wahr ist, doch ich will schon
Auf den Verdacht hin tun, als stünd es fest. *(I, 3)*

Der Verdacht reicht – kümmern Sie sich nicht um die Argumente Ihres Partners! Zahlen Sie es Ihrem potentiellen Nebenbuhler heim – wie Jago, der nachts bei Othellos künftigem Schwiegervater klingelt und ihm ausrichtet:

Ich bin einer, Herr, der euch zu melden kommt, dass Eure Tochter und der Mohr jetzt dabei sind, das Tier mit zwei Rücken zu machen … *(I, 1)*

(Ein guter Satz, den Sie abgewandelt jedem eifersüchtigen Zeitgenossen durch die Sprechanlage zurufen können.)

Geschäftsschädigung und Rufmord

Shylocks Kreditanstalt ist ernsthaft bedroht durch Antonios geschäftsschädigendes Verhalten plus übler Nachrede; O-Ton Shylock:

Ich hass ihn, weil er von den Christen ist,
Doch mehr noch, weil er aus gemeiner Einfalt
Umsonst Geld ausleiht und hier in Venedig
Den Preis der Zinsen uns herunterbringt …
Er hasst mein heilig Volk und schilt selbst da,
Wo alle Kaufmannschaft zusammenkommt,
Mich mein Geschäft und rechtlichen Gewinn
Den er nur Wucher nennt … *(I, 3)*

Diskriminierung (mit Beleidigung und Körperverletzung)

Shylock, ein Jude, dem von Rechts wegen die Ausübung ehrbarer Berufe verboten ist und der als Finanzmakler auf seinen guten Ruf angewiesen ist, begegnet in Antonio dem alltäglichen Antisemitismus seiner Zeit. Als Antonio für seinen Freund Bassanio um Kreditaufnahme ansucht, antwortet ihm Shylock:

Soll ich mich bücken und in eines Hörigen Ton,

Demütig wispernd, mit verhaltnem Odem
So sprechen: „Schöner Herr, am letzten Mittwoch
Spiet Ihr mich an; Ihr tratet mich den Tag;
Ein andermal hießt Ihr mich einen Hund:
Für diese Höflichkeiten will ich Euch
Die und die Gelder leihen." *(I, 3)*

Tritte und Beleidigungen sprechen für sich selbst. Denken Sie weiter: Sie laufen mit überfülltem Kaffeetablett durchs Büro, man hält Ihnen nicht die Tür auf – gut. Die Welt erwartet von Ihnen enthaarte Beine, Sie verbrennen oder schneiden sich – sehr gut. Sie blättern in einem Fitnessmagazin, sehen die gestählten Modelle und kriegen einen Heulkrampf – Sie sind reif für die Rache.

Fünfte Lektion: Ein Pfund Menschenfleisch bitte und ein Taschentuch! – Rachestrategien

Zwei Rachestrategien bringen Sie spielend vorwärts:

- ➢ die direkte, juristisch und fachlich einwandfreie Shylock-Methode
- ➢ die indirekte, verdeckte und intrigante Jago-Masche

UM DIE SHYLOCK-METHODE anwenden zu können, binden Sie Ihren Hasskandidaten an ein notariell beglaubigtes Vertragsverhältnis, das eine Sonderklausel enthält, die niemand sonderlich ernst nehmen wird. Etwa wie Shylock zu Antonio sagt:

...und zum Spaß(!)
Wenn Ihr mir nicht auf den bestimmten Tag
An dem bestimmten Ort die und die Summe,
Wie der Vertrag nun lautet, wiederzahlt,
Lasst uns ein volles Pfund von Eurem Fleisch
Zur Buße setzen, das ich schneiden dürfe,
Aus welchem Teil von Eurem Leib ich will. *(I, 3)*

Wie wäre es mit dem alten Vertragstrick: Nichts verraten, sondern nach Art der Haustürkredite die Klausel im Kleingedruckten verstecken – bei Ratenrückstand oder Zahlungsunfähigkeit erscheinen Sie dann mit Hackebeil und Küchenwaage und weisen das verdutzte Opfer auf den Miniparagrafen hin – fangen Sie ruhig erst einmal klein an, eine Zehe, ein kleiner Finger etc. Mit etwas Übung kommen Sie bald an das Shylock-Maß von einem halben Kilo heran. „Oder darfs ein bisschen mehr sein?"

Die Jago-Masche ist komplizierter und braucht mehr Vorbereitung. Vor allem aber: Sie spielen über Bande, d.h. Sie überlassen anderen die schmutzige Arbeit. Sie brauchen außer Ihrem Othello z.B. einen Komplizen (wie Rodrigo), einen jungen Streber, der keinen Alkohol verträgt (wie Cassio), eine dienstbare Gattin (wie Emilia), eine ehrbare Dirne (wie Bianca), eine unschuldige Naive, die an die Liebe glaubt (wie Desdemona) – dann ein Racherequisit (wie das berühmte Taschentuch, das Othello Desdemona als Liebestalisman schenkte) und als wichtigsten Verbündeten: den glücklichtückischen Zufall. Übrigens: Die böse Verführungsszene (III, 3), in der Othello am Ende entschieden eifersüchtig ist, dauert gespielt nur etwa zehn bis zwölf Minuten – also arbeiten Sie entsprechend effektiv!
Schauen wir uns Jagos Masterplan der Rache an. Interessant ist hierbei besonders der Einsatz des Taschentuch-Mobbings. Schauplatz: Zypern, nach dem Sieg über die Türken.

1. Schritt: Cassio betrunken machen, von Rodrigo provozieren lassen – Cassio dreht durch und wird degradiert – Bingo!

2. Schritt: Die treudoofe Desdi überreden, bei Othello ein gutes Wort für Cassio einzulegen. Othello schöpft Verdacht und fordert Beweise für die Desdi-Cassio-Paarung.

3. Schritt: Emilia bitten, Desdis Taschentuch zu mopsen – sie weigert sich! Beim tückischen Zufall anrufen!

4. Schritt: Tückischer Zufall kommt und spielt Tüchlein (über Emilia, Jago, Cassio, Bianca) Othello zu, als Beweis für Cassios Duett mit Desdi: Rasender Mohr! *„Blut, o Jago, Blut!" (III, 3)*

5. Schritt: Othello raten, Desdi zu erdrosseln. Rodrigo auf Cassio hetzen, der ihn verwundet, dann eingreifen: Rodrigo erdolchen – ein Mitwisser ausgeschaltet.

6. Schritt: Eifersucht arbeiten lassen …
Othello ertappt Cassio mit dem Taschentuch – Beweis für Desdis Untreue. Mit Tötungsvorsatz betritt Othello Desdis Schlafzimmer. Othello küsst die Schlafende und verabschiedet sich im Selbstgespräch von ihr. Desdi erwacht. Othello fragt sie: *„Hast du zur Nacht gebetet, Desdemona?" (V, 2)*. Es kommt zu einem letzten Taschentuchverhör, Desdi beschwört ihre Unschuld und treue Gattenliebe, fleht um Gnade – umsonst. Der vermeintliche Indizien beweis wirkt stärker als jeder Liebesschwur.

Das heißt, wählen Sie ein Racherequisit, das für sich selber spricht, wenn es auftaucht, wo es maximales Misstrauen erregt.
Beispiel: Entwenden Sie der Chefsekretärin einen Ohrclip und schmuggeln Sie ihn in die Mantel-Innentasche Ihres Chefs; vertrauen Sie einfach der allabendlichen Klamottenkontrolle durch die Chefgattin. Oder: Setzen Sie bei der

Betriebsfeier den glücklich verliebten Büro-Neuling unter Alkohol und liefern Sie ihn an die Betriebsnymphomanin aus. Klauen Sie seine Krawatte, bestempeln Sie sie mit Lippenstift und schicken Sie sie in neutralem Umschlag an seine Freundin … Er wird stotternd nach Erklärungen suchen etc.

Sechste Lektion: Selbstverteidigung – Bleiben Sie hart!

Wenn Sie erfolgreich vorwärts kommen, wird Kritik nicht ausbleiben. Fragt man Sie beispielsweise, was Sie mit einem Pfund Menschenfleisch anfangen wollen, antworten Sie:

> *Fisch mit zu ködern. Sättigt es sonst niemanden,*
> *so sättigt es doch meine Rache.* (III, 1)

Wirft man Ihnen Unmenschlichkeit vor, rechtfertigen Sie sich mit Shylock, dass Sie sich nur nach dem allgemeinen Grundkonsens einer „christlichen" Gesellschaft richten:

> *Wenn ihr uns stecht, bluten wir nicht? Wenn Ihr uns kitzelt, lachen wir nicht? Wenn ihr uns vergiftet, sterben wir nicht? Und wenn ihr uns beleidigt, sollen wir uns nicht rächen? Sind wir euch in allen Dingen ähnlich, so wollen wir's euch auch darin gleichtun. Wenn ein Jude einen Christen beleidigt, was ist seine Menschlichkeit? Rache. Wenn ein Christ einen Juden beleidigt, was muss seine Geduld sein nach christlichem Vorbild? Nu, Rache. Die Bosheit, die ihr mich lehrt, will ich ausüben…* (III, 1)

Denken Sie wie Jago an den Erfolg Ihrer Einflüsterungen:

> *Sei wirksam Gift, sei wirksam!*
> *Also fängt man gläubige Narren!* (IV, 1)

Bleiben Sie hart. Denn jetzt geht's zur Sache.

Siebte Lektion: Die Racherechnung bezahlen

Es ist soweit. Methodisch sind Sie bis zum Höhepunkt Ihres Rachegeschäfts vorgedrungen. Auch das Schicksal hat bis jetzt vorbildlich mitgespielt. Schauen wir uns Shylocks Racheresultat an: Antonius Schiffe sind naturgemäß ausgebootet worden und verloren (sagen die Nachrichten). Mit Messer und Waage schreitet Shylock zur Buße-Schnipselei: Bassanios Angebot, anstelle Antonios den Kredit in doppelter Höhe zurückzuzahlen, weist er zurück. Prozess im Dogenpalast. Als juristischer Gutachter übernimmt ein junger Jurist die Verhandlung, der den Schuldschein anerkennt, aber Shylock um Gnade bittet:

Die Art der Gnade weiß von keinem Zwang,
Sie träufelt, wie des Himmels milder Regen
Zur Erde unter ihr; zwiefach gesegnet:
Sie segnet, den, der gibt, und den, der nimmt. (IV, 1)

Shylock will das Kaufmannsfleisch – und jetzt wird's juristisch: ein Pfund Fleisch, gut – aber wehe es fließt ein Tröpfchen Blut! Der Vertrag lautet nur auf „Fleisch". Shylock wird verwarnt:

Allein vergießest du, in dem du's abschneidst,
Nur einen Tropfen Christenblut, so fällt
Dein Hab und Gut nach dem Gesetz Venedigs
Dem Staat Venedigs heim. (IV, 1)

Und wehe es wird nur ein Hauch mehr oder weniger Fleisch gewogen – die Strafe wäre ebenfalls die Verstaatlichung des Besitzes. Hinzukommt: eine Anzeige wegen versuchten Mordes, darauf stünde die Todesstrafe.

Das Gericht ist gnädig: Shylocks Besitz wird aufgeteilt, ein Teil fällt an den Staat, der andere an Antonio. Die Schenkungsakte wird aufgesetzt. Shylocks Abschied vom Racheakt:

Ich bin nicht wohl, schickt mir die Akte nach,
ich will sie unterzeichnen. (IV, 1)

Schöne Rechnung – einer zahlt, der Rest darf noch einen poetischen Akt lang sich lieben und großzügig feiern. Bassanio hat Portia glücklich gewonnen (bei einer Heirats-Kästchen-Lotterie), Shylocks Tochter Jessica, die mit ihrem Liebhaber getürmt war und Juwelen verjubelt hatte, erhält auch noch, von Antonio verwaltet, ihre väterliche Vermögenshälfte. Sogar drei Schiffchen, die nicht versenkt waren, trudeln wieder ein… Happy Ending!
Halt! An Shylocks Stelle sollten Sie das Urteil anfechten! Der junge Jurist besaß keinerlei Qualifikation: es war die verkleidete Portia aus Belmont, Bassanios Braut. Ihr Menschenfleisch-Vertrag war notariell beglaubigt. Hätte er venezianischem Recht widersprochen, hätte es der Notar wissen müssen. Holen Sie ein Gutachten ein, das Ihnen bestätigt, dass „Fleisch“ ein Oberbegriff ist und „Blut“ mit einschließt.
P.S.: Und üben Sie schnipseln – bis Sie ein Pfund exakt zusammenbekommen.

Wie stehts mit der Intrigantenmasche? Jagos Plan, bis zur Raserei des Mohren gediehen, läuft ab wie am Schnürchen. Geht die Racherechnung auf? Auf der Zielgeraden stellt Emilia ihrem Gatten Jago das Bein. Fassungslos über Othellos Tat enthüllt sie Jagos Lügengespinst. Jago erstickt sie. Othello, verzweifelt, sticht nach Jago und ersticht sich selbst, er stirbt als einer *„der nicht klug, doch zu sehr liebte“ (V, 2).*
Das ist die Quittung, mit der Sie rechnen müssen: Der Intrigant hat eine leicht Stichwunde und wird gefangen genommen. Über die Gründe seiner Tat kann er schweigen. Ihn erwarten Gefängnis und Folter. Was ihm bleibt, ist die Hoffnung auf Amnesty International und die Eintrittskarte für Satans Sendung „Liebe Sünde“.

Fieses Fazit

Gratulation. In sieben Lektionen haben Sie es zum Höllenkandidaten gebracht. Sie sind erfolgreicher Außenseiter: sozial geächteter Almosenempfänger oder gefolterter Gefängnisinsasse. Im Vergleich der „Stiftung Rachetest" schnitt die Jago-Masche allerdings eindeutig besser ab: vier Tote, ein Schwerverletzter. Das verdient gegenüber der Shylock-Methode das Gütesiegel „große Tragödie". Shylocks vermeintlich klare Strategie erhält dagegen nur das Etikett „Komödie" – Humor ist, wenn der andere lacht. Immerhin, Sie sind Diplomtheologe, das kann Ihnen keiner mehr nehmen, Jago sei Dank:

Theologie der Hölle. –
Wenn Teufel ärgste Sünden fördern wollen,
So locken sie zuerst durch frommen Schein. *(II, 3)*

5.
Die fettesten Trinksprüche (mit Falstaff u. a.)

Keine Macht den Drögen!

Kennen Sie den kürzesten Schauspielerwitz? Geht ein Schauspieler an einer Kneipe vorbei… Nicht komisch? Stimmt, das ist bitterste Realität. Theater ohne Alkohol ist wie Kunst ohne Musenkuss. Wahrscheinlich liegt es an seinem Ursprung aus dem dionysischen Kult mit Rausch und Ausschweifungen, dass das Theater in unserem Kulturbereich zum Biotop der Trinker geworden ist. Und verhalten sich der Künstler und seine Leber nicht kongenial? Beide wachsen mit ihren Aufgaben. Dabei sind die heutigen Bühnen verglichen mit Shakespeares Spielburgen Vorposten der Heilsarmee. Ein Blick zurück im Suff offenbart, dass damals die Theater volkstümliche Orgienstadel waren. Das Urbild des armen und freien Theaters ist den Schauspielern der Shakespearestücke noch vertraut: Bretter über Fässer gelegt, die Schauspielkunst

UND DIESE TAPFERKEIT KOMMT VOM SEKT...
HEINRICH IV./TEIL 2, IV. AKT, SZ. 3

getragen von bacchantischen Fundamenten. Kaum ein Stück kam ohne angeheiterte Rüpel aus, Trinklieder die auf der Bühne erklangen, wurden vom trinkfreudigen Publikum mitgegrölt. Sogar im tragischen *Othello* gibt es eine Saufszene, die den Ruf der englischen Trinkkunst hervorhebt. Jago führt das Kommandosaufen mit einem Trinklied an: „Stoßt an mit dem Gläselein, klingt!“

Jago: *Ich habs in England gelernt, wo sie, das muss man sagen, sich gewaltig aufs Bechern verstehen …*
Cassio: *Ist denn der Engländer so sehr ausbündig im Trinken?*
Jago: *Ei wohl! Den Dänen trinkt er euch mit Gemächlichkeit unter den Tisch; es wird ihn wenig angreifen, den Deutschen kaputt zu machen; und den Holländer zwingt er zur Übergabe, eh der nächste Humpen gefüllt werden kann.*

Die Szene endet mit einem blauen Cassio, der Haltung bewahren will und sich mit jenem Satz verabschiedet, der seit der Erfindung des Rausches ein sicheres Indiz für Angetrunkenheit ist:

> *Ihr müsst nicht glauben dass ich betrunken sei:*
> *... dies ist meine rechte Hand – dies meine linke – ich bin also nicht betrunken; ich stehe noch ziemlich gut und spreche noch ziemlich gut.* *(Othello II, 3)*

Cassio verdient unser Mitleid, er ist eine taumelnde Marionette in Jagos Intrigentheater. Cassios venezianisch-verzärtelte Konstitution dürfte die elisabethanischen Zuschauer zu hämischen Kommentaren provoziert haben. Sie waren stolz auf ihr Profisäufertum und werden Jago dafür geliebt haben, dass er die Goldmedaille im Krugheben an England vergab. Während sich die Schauspieler durch ein Historiendrama kämpften, wurde die Stimmung im Publikum durch den Verkauf von Wein und Bier aufgeheizt. Theater waren Wirtshäuser mit Spielbetrieb, besucht auch von Nutten und ihren Freiern, und stieg das Barometer, kopulierte man öffentlich im Parkett. Die Szenerie war enthemmt und laut, man pfiff und knackte Nüsse, warf nach schlechten Clowns mit toten Ratten und prügelte sich manchmal zu Tode (1597 kamen in den Londoner Theatern neun Menschen bei Schlägereien um). Die Londoner Kunstlandschaft lag in einem dauerhaften Nebel – aus alkoholischen Dünsten.

Die Getränkeauswahl war knapp, und wer nicht Milch oder Wasser trinken wollte, der genehmigte sich schon mittags seine Bierchen. Am günstigsten trank man Dünnbier – für ein Quart (1,136 Liter) zahlte man 1575 einen Penny (den Preis einer billigen Theaterkarte). Man stärkte sich mit Starkbier, das Quart zu 4 Penny, dem Gegenwert von einmal Sattelflicken. Trinken war ein kostspieliges Vergnügen und mit zwei Starkbieren und einem Dünnbier hatte ein einfacher Arbeiter seinen Tageslohn (9 Penny) versoffen. Andererseits befreite es von dröger Nüchternheit und puritanischer Tugendheuchelei. Die Antialkoholiker, das waren auch diejenigen, die die Theater als Brutstätten der Unzucht schließen lassen wollten. Puritaner predigten gegen Volksvergnügen und Volksdroge „Alkohol". Dagegen protestierte die angeheiterte Mehrheit mit der gelebten Parole: „Keine Macht den Drögen!"

Alkoholisches Grundwissen

Betranken sich vulgäre Genussmenschen mit Dünn- oder Starkbier, genehmigten sich feinere Zungen Importware: Sekt – „sack". Dieser hatte nichts mit unserem prickelnden Edelgesöff zu tun, sondern war eine Art Sherry, den man nach Belieben zuckerte. Man liebte es süß und süffig. Besonders beliebt war ein Import aus dem Land des Erzfeindes. Für Sekt aus Spanien war man sogar bereit die Feindschaft mit Philipp II. zu vergessen.

> *Ein guter spanischer Sekt hat eine zweifache Wirkung: Er steigt euch in das Gehirn, zerteilt da alle albernen und rohen Dünste, die es umgeben, macht es sinnig und erfinderisch, voll von bebenden, feurigen und ergötzlichen Bildern. Wenn diese dann der Stimme, der Zunge, überliefert werden, was ihre Geburt ist, so wird vortrefflicher Witz daraus.*

Sir John Falstaff, Shakespeares größter Genussphilosoph hat sich aus seinem 400-jährigen Rausch erhoben und blinzelt uns komplizenhaft zu. Er fährt zu dozieren fort:

> *Die zweite Eigenschaft unseres vortrefflichen Sekts ist die Erwärmung des Bluts, welches zuvor kalt und ohne Bewegung, die Leber weiß und bleich lässt, was Kennzeichen der Kleinmütigkeit und Feigheit ist. Er erleuchtet das Antlitz, welches wie ein Wachfeuer das*

ganze kleine Königreich, Mensch genannt, zu den Waffen ruft, und dann stellen sich alle Insassen des Leibes und die kleinen Lebensgeister aus den Provinzen ihrem Hauptmann, dem Herzen, welches jegliche Taten des Mutes verrichtet. Und diese Tapferkeit kommt vom Sekt, so dass Geschicklichkeit zu den Waffen nichts ist, ohne Sekt.

Ritter Sir John, alleinstehend, zwischen 50 und 60 Jahren alt, ohne Würden ergraut, Leibesumfang: zwei Yard (fast 2 Meter), kinderlos, von Ziehsöhnen der Zechkultur umgeben, schließt:

> *Wenn ich tausend Söhne hätte, der erste menschliche Grundsatz, den ich ihnen lehren wollte, sollte sein, dünnem Getränk abzuschwören und sich dem Sekt zu ergeben.* *(König Heinrich IV. Teil 2, IV, 3)*

Trinken – das ist die Umerziehung von Feiglingen zu mutigen Gentlemen. Falstaff ist ein verantwortungsbewusster Erzieher – schließlich ist sein erster Schüler in Lebenskunst der künftige englische König: Henry, Harry oder Hal, Prinz von Wales, Sohn Heinrichs IV., dem früheren Bolingbroke, ein Lancaster, der sich auf den Thron geputscht hatte. Wir befinden uns mitten im doppelteiligen Königsdrama *Heinrich IV.*, verfasst um 1596/97 (nach der England-Chronik Holinsheds) eine geraffte Stück-Fassung der Ereignisse zwischen 1402 und 1413. Falstaffs Seminare in Alkohologie und Anarchismus finden fern vom königlichen Hof in Eastcheap statt, im Wirtshaus „Zum wilden Schweinskopf". Von hier aus brechen Prinz Hal, Ritter Falstaff und die Saufkumpane Poins und Bardolph auf zu Kreuzzügen gegen betuchte Pilger und Kaufleute. König Heinrich, der einen wahrhaftigen Kreuzzug ins Heilige Land plant, um für seine Regierungssünden zu büßen, verfolgt das Lotterleben seines Sohnes Hal mit Sorge: Was für ein Herrscher soll der einmal werden, den seine künftigen Untertanen mit Sätzen grüßen wie: *„Gib mir ein Glas Sekt, Schurke"*?

Falstaffs Unterricht in Nichtstun, Völlerei und Prahlen findet vor dem Hintergrund eines Bürgerkrieges statt. Saufen und theoretische Tapferkeit predigen, das ist Falstaffs friedlicher Wehrersatzdienst.

Eine Haltung, die Falstaff beinahe als bierbäuchigen Buddha erscheinen lässt. Seine Kunst des Nichtstuns, erworben durch unablässiges sektbuddhistisches Meditieren, ermöglicht es ihm, Kriege zu überleben. Denn Sekt fördert „Witz", und gewitzt und geistreich, stellt er sich lieber tot, als das Feld der Ehre zu düngen.

Falstaffs Ehrenwort

Mit der Ehre hält es der brave Soldat Falstaff wie mit der Ehrlichkeit. Er nutzt sie, wenn es vorteilhaft ist und gefahrlos abgeht. Ehre treibt ihn nicht an, da gibt es hochprozentig bessere Treibstoffe. Fallstaff vor der Schlacht: Das ist ein ängstliches Kind, das mit dem Begriff Ehre nicht viel anfangen kann. Sein lieber Prinz verabschiedet sich von ihm brüsk und soldatisch: *„Sag deine Gebete und leb wohl."* Falstaff möchte am liebsten den Kopf unter die Bettdecke stecken und sagt mit entwaffnender Treuherzigkeit: *„Ich wünschte es wäre Zeit zum Schlafengehen, Harry, und alles wär' schon gut."* Prinz Harry lässt ihn mitleidlos stehen: *„Was, einen Tod bist du Gott ja noch schuldig."* John besinnt sich und wächst philosophisch über sich hinaus:

> *Gut, es mag sein: Ehre beseelt mich vorzudringen. Wenn aber Ehre mich beim Vordringen entseelt? Wie dann? Kann Ehre ein Bein ansetzen? Nein. Oder einen Arm? Nein. Oder den Schmerz einer Wunde stillen? Nein. Ehre versteht sich also nicht auf die Chirurgie? Nein. Was ist Ehre? Ein Wort. Was steckt in dem Wort Ehre? Was ist*

diese Ehre? Luft. Eine feine Rechnung!... – Ehre ist nichts als ein gemalter Schild beim Leichenzuge, und so endigt mein Katechismus. (*König Heinrich IV. Teil 1, V, 2*)

Statt einer Waffe findet sich in Falstaffs Kriegsausrüstung eine Flasche. Wenn schon geschossen werden muss, dann mit Sekt.

Verschluckter Globus

Wie stellen Sie sich Falstaffs Grundstimmung vor? Ausschweifende Fröhlichkeit, cholerische Selbstherrlichkeit, polternde Lebenslust, pralle Daseinsfreude...?
So tanzt er über die Bühnen und durch unsere Fantasien vom fröhlichen Dicken. Sicher, er möchte so gesehen werden und tut alles für sein Image. Aber schon im ersten Gespräch mit Prinz Harry stellt er sich unter den Schutz des Mondes, dem wankelmütigen Gestirn der Melancholiker:

Denn wir, die wir auf Geldbeutel aus sind,
richten uns nach dem Mond... und ich bitt dich,
Herzensjunge, wenn du erst König bist... dann gib
nicht zu, dass man uns, die wir Leibknappen der
Nacht sind, Diebe der Schönheit des Tages nennt.
Lass uns Dianas Förster sein, die Edelmänner des
Schattens, die Günstlinge des Mondes... (Teil 1, I, 2)

Falstaff, der sich aus den schwierigsten Situationen mit Witz herausreden kann und in dessen Gegenwart Dauerparty angesagt ist – ein Schwermütiger, ein aufgedunsener Hamlet? Falstaff, der für jeden Spaß zu haben ist, soll eine XXL-Ausgabe des Ritters von der traurigen Gestalt sein, ein Mondsüchtiger, ein krankes Gemüt? Richtig, sagt Prinz Hal, denn launisch wie der Mond sind sein Glück und sein Geldbeutel – kaum voll, nehmen sie wieder ab. Fortuna reimt sich auf Luna, und Frau Luna hat sich sprachgeschichtlich ins zickige deutsche Fräulein „Laune“ verwandelt, wechselhaft wie der Mond, launisch – eben noch himmelhochjauchzend, schon zu Tode betrübt.

> *Aber die Pest hol die Traurigkeit und alles*
> *Seufzen! Davon wird ein Mann nur aufgeblasen*
> *wie eine Blase.* (Teil 1, II, 4)

Da haben wirs: Traurigkeit. Ein Grund zum Trinken? Ein Grund, alles in sich hineinzufressen? „Depression“ als Ursache schweren Übergewichts – das wäre keine ungewöhnliche Diagnose. Falstaff als Fallstudie eines Fress- und Trinksüchtigen ist durchaus vorstellbar. Die Gründe für seine Depression kennen wir nicht, sie liegen im tiefsten Seelenabgrund, den auch Bäche von Sekt und Berge von Braten nicht füllen können. Depremieren ihn die Zeitumstände des gesellschaftlichen Umbruchs? Reagiert er unbewusst übersensibel auf eine Zeit, die aus den Fugen ist, wie Hamlet sagt? Wenn es stimmt, dass Melancholie die unbewusste Trauer über etwas Verlorenes ist, was mag Falstaff verloren haben?
„Es muss sehr viel gewesen sein, vielleicht eine Welt. Wir kennen den Grund nicht, sehen nur, wie er gewissermaßen den Spieß umdreht und sich die Welt einverleibt, auf das der Bauch sich ihrer Gestalt annähere.“ (Klaus Reichert, „Die Welt als Bauch. Zu Falstaff“, in: *Der fremde Shakespeare*, München 1998.) – Eben: Wer einen Globus verschluckt, sieht aus wie ein Trauerkloß.

Das letzte Glas

Zurück zu Falstaff. Stichwort: Karriereaussichten. So ohne Hintergedanken ist seine Bubenbetreuung natürlich nicht. Denn wenn der Herzensjunge Harry einmal König ist – dann! Dann wird der verarmte Ritter zum Herzog befördert.

Dann werden alle Schulden bezahlt und alle Träume wahr. Aber Falstaff verrechnet sich gewaltig. Er wird zwar befördert – aber hinaus aus Gunst und Gegenwart des jungen Königs, der als Heinrich V. einen klaren Schlussstrich unter seine Vergangenheit zieht. Harry ist aus der Kneipenwelt in die Welt des Hofes zurückgekehrt. Als verlorener Sohn ist er reuig ans Sterbebett seines Vaters getreten, hat die Krone („Goldener Kummer") anprobiert und festgestellt, dass sie ihm passt.

Harry übernimmt die Regierung. Als der Krönungszug an Falstaff vorbeikommt, der seinem geliebten Zögling *„Mein König Harry, mein süßer Junge, Gott erhalte dich!"* zujubelt – wird der alte Freund öffentlich verabschiedet:

Ich kenne dich nicht, Greis! Knie nieder, bete!
Wie schlecht steht einem Narren weißes Haar!
Ich träumte lang von einem solchen Mann,
Alt, lästerlich und fett von Völlerei;
Nun bin ich wach und meinen Traum veracht ich.

(Was folgt, wollen wir nicht mal von einem Arzt als Diätbegründung hören:)

Such mehr an Gnade! Mindere deinen Fettwanst!
Lass ab vom Fraß: Wisse, dein Grab gähnt weit!
Und dreimal weiter dir als anderen Männern!

Der Weg ins Grab macht zwar noch einen Umweg über eine Komödien-Fortsetzung der Falstaff-Geschichte, *Die lustigen Weiber von Windsor*, 1597 angeblich innerhalb von zwei Wochen auf Wunsch der Königin Elisabeth nachgeliefert, aber in dieser Burleske poltert Falstaff nur noch als Liebhaber-Clown über die Bretter, macht zwei Frauen mit demselben Text einen Heiratsantrag und wird von beiden betrogen. Tragisch. Sir John ist seit der Verbannung aus Harrys Nähe nicht mehr der Alte. *„Der König hat dem Ritter* *das Herz gebrochen*", wird seine Wirtin Mrs. Quickley in *Heinrich V.* sagen.

Der ultimative Trinkspruch zur seelischen Selbstverteidigung!

Der Abspann von Falstaffs Lebensfilm läuft und weist darauf hin, dass Ähnlichkeiten mit lebenden und verstorbenen Personen rein zufällig sind – wie die mit Sir Oldcastle, einem Mitglied der angesehenen Familie Cobham, der Shakespeares historische Vorlage war. Aber kein Bühnentod ist endgültig. Falstaff lebt. Er singt bis heute in etwa zehn Opern, besonders gern in Otto Nicolais *Weibern von Windsor* von 1849 und Verdis *Falstaff*-Oper von 1893. Er steckt im Leib von Orson Welles *(Campanadas a medianoche*, Spanien 1966) und versteckt sich im Kultfilm *My own private Idaho* von 1991, Regie: Gus van Sant. Hier residiert er als Rob Pidgeon in der Ruine eines Palasthotels, umgeben von einem Hofstaat junger Stricher, darunter die schönsten, traurigsten und kultigsten Idole: der seelige River Phoenix und sein halbherziger Lover Keanu Reeves, der am Schluss in die High Society zurückkehrt und alle im Stich lässt.
Rob Pigedon offenbart, was sich hinter dem monströsen, weltverschlingenden Temperament eines Falstaffs verbirgt: Die Liebe eines alternden Herzensnarren zu einem hübschen Jungen aus bestem Hause, fatal attraction, unmögliche Anziehung. Unmöglich vielleicht wie Shakespaeres Nähe zu seinem Gönner Henry Wriothesley, Graf von Southhampton. Immer sind es die jungen arroganten Henrys, die den älteren Gentlemen die Herzen stehlen. Bei aller Liebe: Vielleicht hofften Dichter Will und Ritter John, sie könnten diesen lebensfremden Jüngelchen von Stand Nachhilfeunterricht in menschlichen Grundlagenfächern geben: Mut zur Freiheit, exzessiver Genuss des Augenblicks, Rausch ohne Reue,

traumhafte Triebbefreiung, geistreiche Selbstbehauptung, (diebische) Lebensfreude und gesunder Schlaf.
Fällt der Abschied noch so schwer… dann mischen wir uns einen absolut tödlichen Cocktail: Zimt, Ingwer, Gewürznelke, Muskatnuss, Pfeffer eine Woche lang in Weingeist einlegen, anschließend mit einen Glas Wein und einer Flasche Bier aufgießen – der original elisabethanische „Gossips Cup" (Quasselbecher). Erheben wir das Glas – und denken Sie daran: Wann immer Sie Ihren sinnlichen Lebensstil, der kein Alter kennt, angegriffen fühlen, verteidigen Sie sich mit Fallstaffs fettesten Trinksprüchen. Lassen sie sich nicht von Jungschnöseln ins Abseits stellen! Antworten Sie mit Sir John:

Wenn Sekt mit Zucker drin ein Laster ist,
dann helfe Gott den Bösen!
Wenn alt und dennoch lustig sein eine Sünde ist,
dann ist mancher alte Wirt…
zur ewigen Verdammnis verurteilt.
Wenn es hassenswert ist, dick zu sein, dann sind
des Pharaos magere Kühe das einzig Liebenswerte.
(Heinrich IV. Teil 1, II, 4)

6.
Die erfolgreichsten Karrieretricks

(aus Julius Cäsar)

Caesar, hüte dich vor Brutus; hab Acht auf Cassius; halte dich fern von Casca, hab ein Auge auf Cinna, trau nicht dem Tribonius, achte auf Metellus Cimber, Decius Brutus liebt dich nicht, gekränkt hast du den Caius Ligasius. Nur ein Sinn lebt in all diesen Männern und der ist gegen Cäsar gerichtet. Bist du nicht unsterblich, so sieh dich um!... (Warnschreiben von Artemidorus; von Cäsar nicht entgegengenommen.)

Römischer Fragebogen

➢ Sie wollen Ihre(n) Vorgesetzten loswerden, wissen aber nicht wie?
➢ Sie sind ehrgeizig, wissen aber nicht, welche Karrierestrategie Sie wählen sollen?
➢ Sie wollen ganz nach oben, brauchen aber die mehrheitliche Unterstützung Ihrer Kollegen und Kolleginnen?
➢ Sie wollen nichts von alledem, kennen aber die Situation und würden Sie gerne süffisant kommentieren?

Wunderbar, denn darum wird es gehen: um die brutalen Machtspielchen, wenn es um gehobene Positionen geht – und was Sie fürs Berufsleben daraus lernen können. Vorlage unserer beruflichen Fortbildungsmaßnahme ist Shakespeares Römertragödie *Julius Cäsar* – datierbar etwa auf 1598/99, aufgrund von Tagebuchaufzeichnungen eines Schweizer Londontouristen. Das Stück bildet im dramatischen Schaffen den Übergang von den Königsdramen zu den großen Tragödien – am Spielfeldrand läuft sich schon Hamlet ein. Shakespeare schreibt seine Römertragödie vor dem Hintergrund einer drohenden Staatskrise: Elisabeth I., 66 Jahre alt und kinderlos, lässt die Thronfolge ungeklärt, die oppositionellen Kräfte

(Graf Essex, katholische Verschwörer) sägen bereits am Thron. Was wird nach ihr kommen? Bürgerkrieg? Republik? Rom wird zum politischen Modell für aktuelle Diskussionen. Shakespeare hält in seiner Wertung von Cäsar und Brutus geschickt die Balance. Für Feinde der Monarchie konnte Brutus ein Idol, für ihre Anhänger ein Verbrecher sein. Das Verhältnis der vier großen Persönlichkeiten Cäsar, Brutus, Cassius und Antonius zur Machtfrage ist so ausgewogen gestaltet, dass sich das Stück als differenzierte Fallstudie über einen politischen Machtwechsel lesen lässt. *Julius Cäsar* erlangt zu Shakespeares Lebzeit große Popularität. Es hält sich vor allem in England bis heute als Rollenfutter für vier große Schauspieler im Spielplan.

Tyrannenmord im Zeitraffer

Wieder einmal schreibt Shakespeare ab: diesmal aus Plutarchs Lebensbeschreibungen großer Römer (in der englischen Übersetzung von North). Vorbilder für Cäsar-Dramen gibt es auch ausreichend (von Muret, Grévin, Garnier – und eine anonyme Rachetragödie *Caesar's Revenge)*, und beliebt ist die römische Geschichte als Modell sowieso. Wieder einmal ist alles drin, was eine effektvolle History-Show garantiert: große Reden, große Charaktere, diverse Prophezeiungen, Zeichen und Träume, Geistererscheinungen, Schlachtgetümmel, Morde und Selbstmorde, Terror und tödliche Liebe.

Das Ganze spielt zwischen 45 und 42 v. Chr. in Rom, im Feldlager bei Sardes und auf dem Schlachtfeld bei Philippi. Im Zeitraffer: Cäsar hat über Pompejus' Söhne gesiegt. Marcus Antonius bietet dem Superstar dreimal die Königskrone – dreimal lehnt Cäsar ab; dreimal reagiert das Volk mit Jubel. Senator Cassius fürchtet Cäsars Macht (Neid!) und zettelt eine Verschwörung an. Er gewinnt den noblen Brutus als moralisches Aushängeschild, der auf einen anständigen Tyrannenmord besteht: *„Lets be sacrificers, but not butchers!“* Als Opferpriester, nicht als Metzger, sollen die Verschwörer Cäsar beseitigen. An den Iden des März ist Cäsar auf dem Weg ins Kapitol. Da er schon ein ganzes Orchester an Warnungen überhört hat, liest er auch das Warnschreiben des Artemidorus nicht und begeht im Senat tödliche Fehler in der Selbstdarstellung. In einer Rede hebt er seine absoluten Starqualitäten hervor (er sei so göttlich wie der Polarstern, der über allen leuchtet), das reicht als öffentlicher Tyrannen-Nachweis und die Verschwörer schicken ihn dorthin, wo er nach eigener Meinung hingehört: in den Himmel. Antonius erscheint, verspricht Unterstützung und bittet darum, die Leichenrede für Freund Cäsar zu halten. Brutus erlaubts und Cassius warnt („das mag ich nicht!“). Stimmt: was Antonius wirklich vorhat, bespricht er allein mit dem toten Cäsar: Rache, Bürgerkrieg, Mord!

Öffentliche Kundgebung auf dem Forum: Erst erläutert Brutus die Tyrannenmordmotive – das Volk bejubelt ihn als neuen Cäsar. Dann inszeniert Antonius sich und den Aufstand gegen Brutus mit einer raffinierten Leichenrede, in der er den noblen Brutus geschickt demontiert. Antonius präsen-

tiert Cäsars Leiche und verliest das Testament des Toten, das Cäsar als Freund des Volkes ausweist. Es kommt zum Aufruhr gegen die Verschwörer. Dann folgen noch zwei eher mühsame Akte: Front Cassius/Brutus gegen die Triumvirn Antonius/Octavian/Lepidus; Geistererscheinung des Cäsar (Brutus: *„Wer bist du?"* – Geist: *„Dein böser Geist – Bei Philippi sehen wir uns wieder!")*; Selbstmord von Brutus' Gattin Portia; Entscheidungsschlacht bei Philippi; darin noch Zeit für letzte Streitereien zwischen Cassius und Brutus über Geld und Politik; Versöhnung; schließlich: ihre Niederlage, ihr edler Freitod; Auftritt der Sieger Antonius und Octavian (mit Todeslisten für Intimfeinde im Gepäck); letzter Ehrenerweis an den noblen Brutus, den „besten aller Römer" und einzigen Verschwörer mit einwandfreien Motiven, so groß, dass alle Welt sagen darf: *„Dies war ein Mann!"*
Alles in allem ein Stück, dessen Titelheld meistens durch körperliche Abwesenheit brilliert: Cäsars Geist schwebt über allen und regiert als Idee so souverän, wie in den wenigen Szenen als Staatsmann; im Übrigen ist er ein schwerhöriger, epileptischer, eitler Senior im Nachthemd.

ABC-Schüler der Macht: Antonius, Brutus, Cassius

Welcher Karrieretyp sind Sie? Welche Machtstrategie entspricht Ihnen? Um festzustellen, welcher Karrieretyp Sie sind, betrachten Sie die folgenden drei Stellungnahmen zu Cäsar. „Cäsar" steht für die unumschränkte Leitungsposition schlechthin, Cassius, Brutus und Antonius repräsentieren die zweite Führungsebene. Mit dem ersten Text versucht Cassius den Brutus gegen Cäsars gefährliche Machtfülle zu aktivieren und auf die Seite der Verschwörer zu bringen. Die beiden anderen Texte sind die großen Leichenreden von Brutus und Antonius und ringen um den Zuspruch der öffentlichen Meinung. Alle drei Texte wollen überzeugen. Die Strategien der Überredungskunst sind je nach Führungstyp unterschiedlich. **A**ntonius, **B**rutus, **C**assius, **A-**, **B-** oder **C**-Typ – wie würden Sie sich einordnen? Welche Karrieretaktik würden Sie wählen?

Der C-Typ
Cassius – oder „Was hat der, was ich nicht habe?"

Ich, wie Äneas, unser großer Ahn,
Aus Trojas Flammen einst auf seinen Schultern
Den alten Vater trug, so aus den Wellen
Zog ich den müden Cäsar. – Und der Mann
Ist nun zum Gott erhöht, und Cassius ist
Ein arm Geschöpf und muss den Rücken beugen,
Nickt Cäsar nur nachlässig gegen ihn. ... Götter!
ich erstaune,
Wie nur ein Mann so schwächlicher Natur
Der stolzen Welt den Vorsprung abgewann
Und nahm die Palm allein. *(Julius Cäsar I, 2)*

Mit diesen Worten macht Cassius im Kreis seiner Senatoren-Freunde Stimmung gegen Cäsar. Die Rede zeigt: Der C-Typ setzt auf das Naturrecht des Stärkeren. Deshalb spürt er bei den Stärksten die Schwächen auf und veröffentlicht sie. Wer gefährlich wird, wird abserviert. Sein permanentes Misstrauen predigt: „Wehret den Anfängen!" Er würde vorsorglich ein Blumenbeet betonieren, um zu vermeiden, dass Unkraut wächst. Sein Machtmotor heißt „Neid".

Seine taktischen Maßnahmen sind subversive Zweier-Gespräche mit dem Grundtenor: „Du bist doch unter Person XY genauso ein armes Würstchen wie ich, obwohl du alle Leitungsvorraussetzungen erfüllst!"

Ein C-Typ sendet an seine Kollegen anonyme Briefe, in denen er Ihnen schmeichelt, Sie wären prädestinierte Führungskräfte und ihnen empfiehlt, sich endlich gegen die

Leitung durchzusetzen (Cassius wirft beispielsweise selbst verfasste Fanpost durch Brutus' Schlafzimmerfenster). Äußerlich wirkt der C-Typ scharf und energisch. Sein Anblick veranlasst Cäsar zu dem berühmten Wunsch nach wohlbeleibten Mitarbeitern. Cäsar zu Antonius:

Lasst mich Männer um mich haben, die fett sind,
Glattköpfige Männer, solche, die nachts schlafen.
Der Cassius dort sieht mager aus und hungrig.
Er denkt zuviel: d i e Menschen sind gefährlich.
(I, 2; übersetzt von E. Fried)

Der B-Typ
Brutus – oder: „Sorry, nichts gegen dich persönlich, aber ..."

Römer! Mitbürger! Freunde! Hört mich meine Sache führen und seid still, damit ihr hören möget... Ist jemand in dieser Versammlung, irgendein herzlicher Freund Cäsars, dem sage ich: des Brutus Liebe zum Cäsar war nicht geringer als seine. Wenn dieser Freund dann fragt, warum Brutus gegen Cäsar aufstand, ist dies meine Antwort: nicht, weil ich Cäsarn weniger liebte, sondern weil ich Rom mehr liebte. Wolltet ihr lieber, Cäsar lebte und ihr stürbet alle als Sklaven, als dass Cäsar tot ist, damit ihr alle lebet als freie Männer? Weil Cäsar mich liebte, wein ich um ihn; weil er glücklich war, freue ich mich; weil er tapfer war, ehr ich ihn; aber weil er herrschsüchtig war, erschlug ich ihn ... (II, 2)

Der B-Typ ist der geborene Ehrenmann, der auf Vernunft und Argumente setzt. Sein Wahlspruch heißt: „Objektiv bleiben!", auch wenn dabei, ganz subjektiv, Freunde geopfert werden müssen. Sein Machtmotor heißt „Verantwortung". Seine taktischen Maßnahmen auf dem Weg zur Macht sind: demonstratives Desinteresse an Macht; Betonung konservati-

ver Werte wie Vaterland, Ehre, Tradition; Tugendverkörperung – neben ihm sehen Konkurrenten automatisch korrupt aus – und im kritischen Moment: sich zur Disposition stellen („wenn ihr wollt, bring ich mich um ...“).
Heimlich ist der B-Typ davon überzeugt, dass es für die erste Position niemand besseren gibt als ihn selbst. Am liebsten hört er, dass außer ihm nur Dilettanten über die Büroflure laufen. Aber: Er muss darauf warten ins Amt gedrängt zu werden. Wenn er es dann hat, quält er sich in schlaflosen Nächten mit der Bürde der Verantwortung. Sein Gewissen braucht objektive Gründe, wenn es ums Blutvergießen geht. Am liebsten wäre ihm, wenn man nur theoretisch morden müsste:

O könnten wir doch Cäsars Geist beikommen
Und Cäsars Glieder schonen. – Aber ach:
Cäsar muss für ihn bluten. *(II, 1)*

Der B-Typ pflegt eine intakte Partnerschaft, die keine Geheimnisse kennt (und sich in kritischen Momenten nicht ins Bett schicken lässt und in noch kritischeren Momenten den Partner vollständig entlastet – durch Freitod). Zum Machtprofil des B-Typs gehört wesentlich, dass er an die eigene Integrität glauben will. Seine „schlaflosen Nächte“ beweisen ihm, dass er uneigennützig handelt. Er funktioniert so lange, bis er unter moralischer Selbstüberforderung, falscher Loyalität und tragischen Umständen zusammenbricht.

Der A-Typ
Antonius – oder „Ich spreche nur für mich ...“

Mitbürger! Freunde! Römer! Hört mich an:
Begraben will ich Cäsarn, nicht ihn preisen.
Was Menschen Übles tun, das überlebt sie,
Das Gute wird mit ihnen oft begraben.

So sei es auch mit Cäsarn! Der edle Brutus
Hat euch gesagt, dass er voll Herrschsucht war;
Und war er das, so war's ein schwer Vergehen,
Und schwer hat Cäsar auch dafür gebüßt.
Hier, mit des Brutus' Willen und der andern
(Denn Brutus ist ein ehrenwerter Mann,
Das sind sie alle, alle ehrenwert),
Komm' ich, bei Cäsars Leichenzug zu reden.
Er war mein Freund, war mir gerecht und treu,
Doch Brutus sagt, dass er voll Herrschsucht war,
Und Brutus ist ein ehrenwerter Mann …
… Ihr alle saht, wie am Luperkusfest
Ich dreimal ihm die Königskrone bot,
Die dreimal er geweigert. War das Herrschsucht?
Doch Brutus sagt, dass er voll Herrschsucht war,
Und ist gewiss ein ehrenwerter Mann.
Ich will, was Brutus sprach, nicht widerlegen,
Ich spreche hier von dem nur, was ich weiß.
Ihr liebtet all' ihn einst nicht ohne Grund:
Was für ein Grund wehrt euch, um ihn zu trauern?
O Urteil, du entflohst zum blöden Vieh,
Der Mensch ward unvernünftig! – Habt Geduld!
Mein Herz ist in dem Sarge hier beim Cäsar,
Und ich muss schweigen, bis es mir zurückkommt.

(III, 2)

Der A-Typ ist ein Spieler. Seine Intelligenz ist emotional und ermöglicht es ihm, im entscheidenden Moment zu handeln – aus dem Bauch heraus und trotzdem kontrolliert. Er ist die perfekte Mischung aus Spontaneität und Inszenierung. Sein Machtmotor heißt „Lust". Der A-Typ hat Lust an der Macht. Noch mehr Lust aber macht ihm der Weg zur Macht. Seine taktischen Maßnahmen sind: im Hintergrund bleiben, zum persönlichen Freund der obersten Führungsposition werden,

als Einzelkämpfer Gruppen und Koalitionen meiden, auf Risiko arbeiten, durch allgemeine Bemerkungen die Stimmung testen, Beschwören gemeinsamer schöner Erlebnisse, scheinbar naives Bekenntnis zu den eigenen Gefühlen („jetzt muss ich weinen, ich kann nicht anders"), den Gegner indirekt angreifen, nie direkt.
Die weltberühmte Rede des Marcus Antonius ist in ihrer intelligenten Demagogie oft zum Vorbild für die Kraft der freien Rede genommen worden. Mit ihr gelingt es Antonius, die Volksstimmung innerhalb von zehn Minuten ins Gegenteil zu verkehren.
In der Verfilmung von Joseph L. Manckiewicz (USA, 1953) denkt man zuerst, dass der junge Marlon Brando als Marc Anthony ein schlechter junger Schauspieler ist, der jeden Vers mit den Armen skandiert – bis man entdeckt, dass er vermutlich „echte"(!) Tränen in den Augen hat – und starke Emotionalität ist das wichtigste Überzeugungsmittel des A-Typs.

Die Rede zeigt in sieben Punkten, wie Sie erfolgreich Meinung für sich machen können:

1. Warten Sie auf die Erteilung des Wortes, es legitimiert Sie – brüllen Sie nicht einfach dazwischen. Berufen Sie sich auf die Vorredner!
2. Finden Sie die richtige Anrede! Antonius testet zuerst: „Ihr lieben Römer" – zu vertraut. „Friends, Romans, Countrymen!" Richtig! Eine Mischung aus Distanz und Gleichstellung.
3. Geben Sie ein einfaches, ein unverfängliches Motiv an: „Begraben, nicht preisen" – entziehen Sie sich vorab falschen Unterstellungen.
4. Greifen Sie ein Sprichwort auf: „Was Menschen Übles tun, das überlebt sie, das Gute wird mit ihnen oft begraben. So sei es auch mit Cäsarn." Klingt allgemein

wahr – kaum einer wird den ironischen Haken entdecken! (unbewusst: Augenblick mal, wieso Gutes begraben?)

5. Demontieren Sie Ihren Gegner indirekt im Kernpunkt: Die Ehrenhaftigkeit des Brutus ist die Garantie für die Rechtmäßigkeit des Tyrannenmordes. Durch vierfache Wiederholung, dass Brutus ein ehrenhafter Mann sei, tritt eine inflationäre Wirkung ein, der Ehren-Wert sinkt.
6. Beschwören Sie die guten Seiten des Vergangenen: die Erinnerung an Cäsars Wohltaten und sein Verzicht auf die Krone.
7. Treten Sie das Erbe der Macht an, indem Sie einerseits unveröffentlichte positive Nachrichten preisgeben, z. B. Cäsars Testament (das eine Art 13. Monatsgehalt für alle und die Einrichtung eines Erholungszentrums verspricht); andererseits setzen Sie die entscheidende Provokation, brechen Sie ein Tabu, konfrontieren Sie die Öffentlichkeit mit den nackten Tatsachen (Leiche präsentieren: Blut, Wunden, Mantelfetzen).

In der anschließenden Empörung lassen Sie der Gewalt freien Lauf. Die Anarchie arbeitet zu Ihren Gunsten. Antonius hat als Trinker, Sportler und Weiberheld außerdem die körperlichen Nehmer- und Geberqualitäten ausgetestet. Rein äußerlich ist er der attraktive Gegentyp zu Cassius. Sein Sex-Appeal arbeitet für ihn. Er weiß es.
Der A-Typ gehört immer der jeweils nachrückenden Generation der „Erfolgreichen Jungen“ an. Der A-Typ altert nicht. Altert er doch, hat er Chancen ein Cäsar zu werden, also die Unsterblichkeitsausgabe eines Spielers.

7.
Die Hamlet-Masche: Methodischer Wahnsinn

(mit dem weltberühmten Satz vom Sein u.a.)

„Who's there?" – „Wer da?"

Gute Frage. Erster Satz des Stücks. Gestellt von Bernardo, Soldat der königlichen Wache, auf der Terrasse der Burg zu Helsingör, Dänemark, Mitternacht.

Wir tappen im Dunkel. Wer ist da überhaupt? Shakespeare ist Hamlet, ist die „Mona Lisa der Weltliteratur" (T.S. Eliot), ist „Deutschland" (Freiligrath), ist „Ödipus" (Freud), ist eine Weltbibliothek der Interpretationen, ist Melancholie und Wahnsinn, ist die aktuelle Kinoversion von Kenneth Branagh, ist eine Geistergeschichte plus Krimi, plus Rachetragödie, ist Sein oder Nichtsein, ist eine weltberühmte Zitatensammlung, ist überwältigend und nicht zu bewältigen …

Der beste Weg, um Hamlet zu begreifen, ist ihn zu spielen. Aus allen möglichen Interpretationen findet man dann die eigene, einzig richtige heraus. So schwierig ist „Hamlet" nun auch wieder nicht und der Start ist ganz primitiv: Werden Sie Hamlet!

Ziehen Sie sich um!

Der klassische Hamlet trägt schwarze Strumpfhose, schwarzen Rock mit schwarzer Weste, darunter ein weißes Hemd, und ist eingeschnürt durch einem Gürtel, daran Degen und/oder Dolch. Alles sehr schwarz, sehr melancholisch!

Später werden Sie sich unordentlich herrichten, damit Sie dem Publikum signalisieren: unentschlossen, geistesgestört, deprimiert – Außenseiter! (So trat im Mittelalter das beliebte „Laster", die vice-Figur, auf und jeder wusste: Jetzt wird's spaßig, die spielt den Wortverdreher und bösen Clown.)

Und gleich ein Dementi: Hamlet ist NICHT fett und kurzatmig. Die berühmte Stelle im letzten Akt, in der die Königin über ihren fechtenden Sohnemann sagt: *„He's fat and scant of breath"*, gibt keine Typen- sondern eine Zustandsbeschreibung: er schwitzt und ist außer Atem. Also beruhen Brechts schöne Spekulationen über den Entstehungsprozess des Stücks auf Schlegels falscher Übersetzung. Brecht meinte, weil man mit Richard Burbage, dem ersten Hamlet, keinen entschlossenen Rächer auf die Bühne bringen konnte, habe Shakespeare die Rolle diesem zögerlichen, beleibten Schauspieler angepasst (Messingkauf, 1939/40). Es ist egal, was für ein Typ Hamlet ist, ob dick oder dünn, brutal-britisch oder denkerisch-deutsch, ob es ein blauäugiger Mad Max ohne Höllenmaschine ist wie Mel Gibson in Zefirellis Verfilmung von 1990 oder ein finnischer Industriellensohn in Kaurismäkis *Hamlet goes Business* (1987). Es ist sogar unerheblich, ob er ein markiger Mann ist wie Hardy Krüger oder eine Frau, die mutig in eine Hosenrolle schlüpft (eine Herausforderung schon für Sarah Bernard,1899, und Asta Nielsen, 1920, und aktuell, für Angela Winkler in Zadeks Regie) – es ist völlig egal – denn SIE werden Hamlet nun verkörpern, wer auch immer Sie sind. Jeder ist Hamlet.

Legen Sie sich Ihre Requisiten bereit

Sie brauchen (außer Dolch und Degen):

1 Buch (wird doch aufzutreiben sein ...?)
1 Flöte (wahlweise: ein Stück Holz, Bleistift ...)
1 Totenschädel (wahlweise: ein Ball, Kohlkopf, Blumentopf)
1 Pokal (wahlweise: Pappbecher, Dose ...)

Mehr nicht. Eine Ausstattungsorgie wie im Branagh-Film ist überflüssig, die dort gezeigten unterirdischen Detonationen zum Beweis für die Wühlkraft des Geistes sind nicht zur Nachahmung empfohlen. Spielen Sie einfach laut genug in Ihrer Wohnung, wenn es dann von unten mit dem Besen klopft, rufen Sie, als meinten Sie den Geist des alten Hamlet:

Brav, alter Maulwurf! Wühlst so hurtig fort?
O trefflicher Minierer. (I, 5)

Aber der Reihe nach: Die Requisiten liegen bereit. Bühnenbild: überflüssig, ein Stuhl als Thron und ein Tuch als Vorhang (späteres Versteck des Polonius) – das reicht.
Machen Sie sich in Ruhe mit dem Plot vertraut …

KÜRZESTFASSUNG:
Hamlet, ein gebildeter Prinz, von einem spukenden Vater, einer geilen Mutter und einem mörderischen Onkel aus der Bahn geworfen, verspielt Liebe, Freundschaft, Reich und Leben (Rolf Vollmann, *Shakespeares Arche*, Frankfurt 1997).

The Tragedy of Hamlet, Prince of Denmark, entstanden um 1600/01, ist eines der längsten Stücke Shakespeares. Die wichtigste Quelle ist ein nordischer Sagenstoff aus der *Historia Danica* des Saxo Grammaticus (Ende 12. Jh.); Prinz Amleth rächt hier den Vatermord mit gespieltem Wahnsinn erfolgreich, überlebt und wird König. Ersparen wir uns weitere Details und springen wir gleich in die Angeber-Praxis.

Die absolut wichtigsten Zitate (und was dahinter steckt)
Die folgenden Sätze auswendig lernen, am besten auf Englisch, das beeindruckt – und schon können Sie losspielen. Oder: als Angeberzitat in alternativen Situationen anwenden …

O that this too, too solid (sullied) flesh would melt!
O schmölze doch dies allzu feste (beschmutzte) Fleisch! *(I, 2)*
Zu sich selbst gesprochen aus Wut und Ekel über die schnelle Heirat der Mama mit dem Onkel. Papa ist erst zwei Monate tot, oder, wie Sie kurz darauf Freund Horatio sagen: „Das Gebackne vom Leichenschmaus gab kalte Hochzeitsschüsseln.“ Sie denken sofort an Selbstmord und spucken auf diese öde, schale, flache, fade Welt.

Alternative Angebersituationen: in der Sauna; als Chirurg bei einem schwierigen Eingriff; im Restaurant (ein zähes Steak…!); im Fitness-Studio.

Frailty, thy name is woman!
Schwachheit, dein Nam' ist Weib! *(I, 2)*

Gemeint ist Mama Gertrud (s.o.). Das Verhältnis zur Mutter, ja zu Frauen überhaupt, ist gespannt. Freud vermutete hinter Hamlets Frauenhass verdrängte kindliche Besitzwünsche an die Mutter und Hass- bis Todesfantasien gegenüber dem Vater als Nebenbuhler… Ein Grund auch, warum er Probleme mit dem Racheauftrag des Vatergeistes am Stiefvater haben wird. „Hamlet kann alles, nur nicht Rache an dem Mann zu vollziehen, der seinen Vater beseitigt und bei seiner Mutter dessen Stelle eingenommen hat, an dem Mann, der ihm die Realisierung seiner verdrängten Kinderwünsche zeigt. Der Abscheu, der ihn zur Rache drängen sollte, ersetzt sich so bei ihm durch Selbstvorwürfe, durch Gewissensskrupel, die ihm vorhalten, dass er, wörtlich verstanden, selbst nicht besser sei als der von ihm zu strafende Sünder" (Sigmund Freud, *Traumdeutung*, 1900). Hamlet als wandelnder Ödipuskomplex – wenn Sie ähnlich empfinden sollten, suchen Sie sich eine bezahlbare Couch. Als Hamlet-Spieler müssen Sie das alles aber nicht wissen. Seien Sie nur recht wütend und verzweifelt!
Alternative Angebersituationen: als Muttertagstelegramm; wenn Frauenkraft am Gurkenglasverschluss scheitert (Sie übernehmen lächelnd …); wenn der Freund beim Joggen hinterherhängt.

Thou com'st in such questionable shape.
Du kommst in so fragwürdiger Gestalt.
(korrekter: in so befragbarer Gestalt) *(I, 4)*

Zum Geist Ihres toten Vaters gesprochen, der Ihnen zugewunken hat. Er heißt Hamlet wie Sie, und das ist Bürde

genug. Sie erfahren vom Elend des Geistes: Ohne Beichte, letzte Ölung und Abendessen wurde er in seiner „Sünden Blüte hingerafft“ – der Geist ist offensichtlich katholisch und steht kurz davor, ins Fegefeuer zu wandern. Mehr darf er vom Jenseits nicht erzählen, sonst würde sich Ihre Naturkrause in einen Stachelkopf verwandeln. Der Geist berichtet den genauen Hergang des Mordes durch Bruder Claudius: Während des Nachmittagsschläfchens im Garten Bilsenkrautextrakt ins Ohr geträufelt, Blutgerinnung, Ausschlag – aus. (Da Hamlet, wie man herausgefunden hat, in den vier Monaten zwischen März und Juni spielt, muss das Gartenschläfchen im Januar gewesen sein – bei dänischem Klima!)
Fragwürdig ist der Geist ansonsten auch, weil er volle Rüstung trägt. Das Rittergespenst fordert Sie zur Blutrache an Claudius auf, und dass Mama bitte geschont werde. Sie habe schon genug Gewissensbisse. Weitere Worte des Geistes können in Aufbruchssituationen zitiert werden:

> *Ich wittre Morgenluft! …*
> *Der Glühwurm zeigt, dass sich die Frühe naht…*
> *Ade! Ade! Ade! Gedenke mein!* *(I, 5)*

ALTERNATIVE ANGEBERSITUATIONEN: morgens, beim Blick in den Spiegel; passt eigentlich zu jeder Begrüßung: verdrecktes Kind, blasser Partner, Kollege mit Kater …

Something is rotten in the state of Denmark.
Etwas ist faul im Staate Dänemark. *(I, 4)*
Ein Satz des Wachsoldaten Marcellus, bezogen auf die Spukvorgänge. Der Geist wurde zuerst von der Wache bemerkt, Freund Horatio berichtet Ihnen von dem Vorfall und Sie haben sich – skeptisch von Natur aus – Einzelheiten berichten lassen. Erst beim dritten Nachtspaziergang des

Geistes sind Sie zur Stelle. Zum Zitat passt ein weiteres politisches: *„Dänemark ist ein Gefängnis."*

ALTERNATIVE ANGEBERSITUATIONEN: Standardkommentar zur politischen Lage; auch bei Aufenthalt in schlecht gelüfteten Räumen; am lustigsten bei einem Dänemark-Urlaub – und zwar ständig.

The time is out of joint.
Die Zeit ist aus den Fugen. *(I, 5)*

Gesprochen zu den Freunden, nach dem Racheauftrag des Geistes. … und Sie sind dazu geboren, die Zeit wieder „einzurenken" (to set it right). Das Bild des Originals geht von einer Art Gelenkauskugelung der Zeit aus, Ihr Racheauftrag ist also eine Art chiropraktische Heilung an Dänemarks Gesellschaft. Das Zitat ist die Metapher zur Beschreibung der elisabethanischen Ära an der Wende zum neuen, 17. Jahrhundert.

ALTERNATIVE ANGEBERSITUATIONEN: bei Zuspätkommen; an Neujahr; beim Uhrmacher; frühmorgens: Wecker klingelt und zerschellt an der Wand; beim Griff in die Speckpölsterchen des Partners.

Doubt thou the stars are fire,
Doubt that the sun does move,
Doubt true to be a liar
But never doubt I love.
Zweifle an der Sonne Klarheit,
Zweifle an der Sterne Licht,
Zweifl', ob lügen kann die Wahrheit,
Nur an meiner Liebe nicht. *(II, 2)*

Einer Ihrer Liebesbriefe an Ophelia, weitergeleitet an Vater Polonius, der in diesen Zeilen einen Beweis für die wahre Ursache Ihres Irrsinns sieht: „Liebeswahn", ein Leiden, das bis in Shakespeares Zeit tatsächlich diagnostiziert wurde. „Im Mittelalter hatte man die aus der Antike stammende Vorstellung, Liebespassion sei eine Art Krankheit, noch ganz medizinisch genommen, hatte eine Symptomatologie entwickelt und Therapien (zum Beispiel coitus) angeboten" (Niklas Luhmann, *Liebe als Passion,* 1982).

Polonius zeigt diesen Liebesbrief Königin Gertrud. Ihr Gespräch enthält weitere herrliche Bonmots:

Polonius: *Weil Kürze dann des Witzes Seele ist ...*

Gertrud *(entnervt): Mehr Inhalt, weniger Kunst!*

Besonders letzter Spruch („*More matter, with less art*") ist ein trefflicher Gesprächsbeitrag in jeder Diskussion.

Das Liebesschreiben Hamlets an Fräulein Ophelia ist übrigens unterschrieben mit: *„Dein immer und ewig, herzliebstes Fräulein, solange diese Maschine ihm angehört, Hamlet."* Das ist erstens säuisch und zweitens die Titelvorlage zur modernen Verarbeitung des Hamlet durch Heiner Müller *Die Hamletmaschine* (1977).

ALTERNATIVE ANGEBERSITUATIONEN: für Poesiealben (sofern es sie noch gibt), Liebesbriefe, e-mails; als Glückwunschgedicht zu Mutter-, Geburts-, Scheidungsgedenktagen.

Words, words, words.
Worte, Worte, Worte. *(II, 2)*

Die originelle Antwort auf die Nachfrage des Polonius, was Sie da gerade lesen – und ein dezentes Ausweichen vor dessen allgegenwärtiger Neugier. Da der alte Herr Staatsrat nicht locker lässt, geben Sie ihm ausführlichere Auskunft über den Inhalt Ihrer Lektüre: In Ihrem Buch stünden Verleumdungen, denn es heiße, dass alte Männer *„einen überflüssigen Mangel an Witz und daneben sehr kraftlose Lenden haben"*.

Im übernächsten Satz schließen Sie mit: *„Denn Ihr selbst, Herr, würdet so alt werden wie ich, wenn Ihr wie ein Krebs rückwärts gehen könntet."* Polonius darauf: *„Ist dies schon Tollheit, hat es doch Methode."* Der methodische Wahnsinn ist tatsächlich Ihre Taktik. Hinter irren Wortspielen verstecken Sie Ihr Vorhaben, nach Mordbeweisen gegen Ihren Onkel Claudius zu suchen. Nachgefragt: Welches Buch lesen Sie wirklich in dieser Szene? Ihre Lieblingslektüre als depressiver Dänenprinz könnte ein französischer Philosoph sein: Michel de Montaignes *Essais* von 1580. Es ist ganz offensichtlich auch Shakespeares Lieblingsbuch, er zitiert öfters daraus und teilt dessen skeptische Sicht: alles sei recht fragwürdig, die Stellung des Menschen in der Schöpfung nicht wirklich göttlich und die Erkenntnismöglichkeiten beschränkt.

Alternative Angebersituationen: Standardkommentar zu Vorträgen, Anträgen, Vorschlägen und zu allen Partnerbitten um Stellungnahme („Schatz, sag Du doch mal was dazu!").

Get thee to a nunnery!
Geh in ein Kloster! *(III, 1)*

Im gespielten Wahn der geliebten Ophelia gesagt, die Ihre Verstörung ernst nimmt und darüber bald selbst in den Wahnsinn kippt. „Nunnery" hatte seinerzeit auch die Nebenbedeutung Freudenhaus: „Ab in den Puff!" – eine mögliche Übersetzungsvariante.

Ophelia ist nicht nur hier Opfer obszöner Männerscherze – ihre ganze Laufbahn ist eine typische Macho-Fantasie: angebetet als Göttin, verstoßen als Hure, eingeliefert als Wahnsinnige und verklärt als schöne Wasserleiche. Ihr Name, der im griechischen „Beistand/Hilfe" heißt, wird pseudosprachphilosophisch in Jacques Lacans Hamlet-Seminar (1959) zu „O-phallus", ohne Phallus. Ohne Hamlet jedenfalls ist sie sich nichts wert, löst sich auf, erst in ihrer Wahnsinnsarie, dann im Fluss. Obwohl sie nur fünf Auftritte im Riesenstück hat, ist sie zu einer Ikone der Künste geworden, im Gemälde *La mort d'Ophélie* von Delacroix, in ihrem ergreifenden, aktfüllenden Abgesang in Ambroise Thomas'

Oper *Hamlet*, in Richard Strauss' Liedern, bei John Cage, Schostakowitsch und sogar in Bob Dylans *Desolation Row*. Ihre berühmteste Verwandlung aber ist die in Goethes Gretchen.
ALTERNATIVE ANGEBERSITUATIONEN: Standardantwort auf Orientierungslosigkeit („Ich weiß nicht wohin mit mir"); bei der Berufsberatung; als Fangruß an Madonna.

Do you think I am easier to be played on than a pipe?
Denkt ihr, dass ich leichter zu spielen bin als eine Flöte? *(III, 2)*
Zu Rosenkranz und Güldenstern gesprochen, die Sie über Ihr Befinden aushorchen wollen – im Auftrag des Königs. Beides sind befreundete Studienkollegen aus Wittenberg. Ihre Dümmlichkeit ist gefährlich – in Wahrheit sind es Spitzel im Dienst des Königs.
ALTERNATIVE ANGEBERSITUATIONEN: Die Flötennachhilfe in zwischenmenschlichem Respekt lässt sich leicht bei jeder Gelegenheit anbringen. Flöte jemandem unter die Nase halten: „Spiel!" – um schließlich die Moral auszupacken: „Und du tust so, als wüsstest du, wie du mich manipulieren kannst!?" Ansonsten: denkbar als Kommentar beim Liebesspiel, bei der Massage, nach dem ersten Kuss.

O shame where is thy blush!
Scham, wo ist dein Erröten! *(III, 4)*
Zur Mama, der Königin, der Sie eine ganz und gar neurotische Szene machen, die kaum noch gespielter Wahnsinn ist, sondern der Psychoterror einer Halbwaise. Grundvorwurf: Wie konntest du den tollen Papa für den ollen Onkel eintauschen!? Sie können sich gar nicht mehr bremsen und ödipussieren durch Mamas Schlafzimmer:

Zu leben
Im Schweiß und Brodem eines eklen Betts,

Gebrüht in Fäulnis; buhlen und sich paarend
Über dem garst'gen Nest. *(III, 4)*

„In the rank sweat of an enseamed bed", da möchte man doch gleich das Zimmermädchen kommen und die Bettwäsche wechseln lassen!

How now, a rat! Dead for a ducat, dead.
Wie? Was? Eine Ratte? Tot, für 'nen Dukaten, tot! *(III, 4)*
Sie erstechen Polonius, der hinter einem Vorhang Ihrem Gespräch mit Mutter Gertrud lauscht und sich durch ein Geräusch verrät – sein Abgang ist lakonisch und knapp, im Kontrast zu seinen üblichen Redebeiträgen. Als man Sie kurz darauf nach dem Verbleib des Polonius fragt, antworten Sie sehr aufgeräumt: *„Beim Nachtmahl"*, und auf die Verwunderung hin runden Sie mit der Pointe ab:

Nicht wo er speist, sondern wo er gespeist wird.
Eine gewisse Reichsversammlung
von politischen Würmern
hat sich eben an ihn gemacht … *(IV, 3)*

Der tote Polonius liegt unter der Treppe zur Galerie. Und Sie müssen sich jetzt leider mit Rosenkranz und Güldenstern auf Englandreise begeben.
ALTERNATIVE ANGEBERSITUATIONEN: in allen Fastfood-Restaurants bei Erhalt der Bestellung; angesichts bestimmter Schoßhunde; in Gegenwart von Menschen mit Mäusephobie; zur Begrüßung lieber Freunde.

Alas, poor Yorick!
Ach, armer Yorick! *(V, 1)*
Heimgekehrt nach Dänemark kommen Sie gerade recht, um die Arbeitsphilosophie der Totengräber kennenzulernen.

Beim Grabaushub bekommen Sie den Schädel Ihres alten Hofnarren in die Hand ... Die Friedhofsszene endet mit einem unerwarteten Wiedersehen: Der Kreis Ihrer verhassten Familie erscheint, Ophelia wird mit reduziertem kirchlichen Segen bestattet, die Todesumstände sind unklar (Selbstmord wäre unchristlich). Laertes springt vor Schmerz ins Grab, Sie springen aus Wut über falsche Vorwürfe hinterher – ein Ringkampf über der Toten, Duellforderung: Auf zur letzten Runde!

Alternative Angebersituationen: Standard-Stoßseufzer bei Schwermutsanfällen; küchenphilosophisch: vor dem Kohlkopfschneiden; wenn Sie sich beim Rasieren verletzen; in der Kantine angesichts undefinierbarer Gerichte.

The rest is silence!
Der Rest ist Schweigen. *(V, 2)*

Dieses Ihr letztes berühmtes Wort fällt, als die Bühne schon mit Leichen bedeckt ist: Ihr Stiefvater, Ihre Mutter, Ihr Fast-Schwager Laertes sind Ihnen vorausgegangen. Das Duell unter Leitung des höfisch-gezierten Osric war mustergültig – bis auf die vergiftete Degenspitze (hierauf bezieht sich die uralte Schauspieleranekdote: Degen verschlampt, Ersatztritt in den Hintern, geistesgegenwärtige Antwort: „Der Stiefel war vergiftet!").

„The rest" – im Englischen klingt auch die „Ruhe" mit, hier: die ewige. „Silence" als letztes Wort, vielleicht zu schön um wahr zu sein – Schmerz, Jammer, Ausröcheln – wäre das nicht realistischer? In jedem Fall antwortet Horatio: *„Da bricht ein edles Herz! – Gute Nacht mein Fürst! Und Engelscharen singen dich zur Ruh!"*

Alternative Angebersituationen: bei Vernehmungen; bei Streitereien; beim Zubettbringen der Kleinen statt Gutenachtkuss.

„Sein oder Nichtsein"

Noch einmal zurück zum III. Akt, Szene 1: Eben wurde in Ihrer Abwesenheit Ophelia als informelle Mitarbeiterin der dänischen Stasi angeheuert, um den Grund Ihrer Tollheit herauszufinden. Am Ende Ihres Selbstgesprächs wird sie Ihnen sittsam mit Buch entgegentreten und Sie werden sie ins Kloster schicken. Jetzt aber erst einmal das Kernstück des *Hamlet*, ja des ganzen Shakespeare; nehmen Sie Ihren Dolch, verdüstern Sie Ihren Blick, sprechen Sie mit Grabesstimme:

To be, or not to be, that is the question:
Whether 'tis nobler in the mind to suffer
The slings and arrows of outrageous fortune
Or to take arms against a sea of troubles
And by opposing end them. To die – to sleep ...

Für jeden Angeber die einfachste Protzübung: Sein oder Nichtsein, egal in welcher Entscheidungssituation zitiert, funktioniert immer. Kino oder Nicht-Kino, Kinder oder Nicht-Kinder, Eigentumswohnung oder Nicht-Eigentumswohnung – das ist hier die Frage, und die Anwendungsmöglichkeiten sind grenzenlos...

Sein oder Nichtsein, das ist hier die Frage:
Ob's edler im Gemüt, die Pfeil' und Schleudern
Des wütenden Geschicks zu dulden, oder,
Sich waffnend gegen eine See von Plagen,
Durch Widerstand sie enden. Sterben – Schlafen –
Nicht weiter – und zu wissen, dass ein Schlaf
Das Herzweh und die tausend Stöße endet,
Die unsers Fleisches Erbteil – 's ist ein Ziel,
Aufs Innigste zu wünschen. Sterben – Schlafen -
Schlafen! Vielleicht auch träumen! – Ja, da liegt's:
Was in dem Schlaf für Träume kommen mögen,
Wenn wir den Drang des Ird'schen abgeschüttelt,
Das zwingt uns stillzustehen. Das ist die Rücksicht,
Die Elend lässt zu hohen Jahren kommen …
…Nur, dass die Furcht vor etwas nach dem Tod –
Das unentdeckte Land, von des Bezirk
Kein Wandrer wiederkehrt – den Willen irrt,
Dass wir die Übel, die wir haben, lieber
Ertragen, als zu unbekannten fliehen.
So macht Bewusstsein Feige aus uns allen;
Der angebornen Farbe der Entschließung
Wird des Gedankens Blässe angekränkelt;
Und Unternehmungen voll Mark und Nachdruck,
Durch diese Rücksicht aus der Bahn gelenkt,
Verlieren so der Handlung Namen. –

Kein Kommentar. Wenn man hier erst einmal mit der Interpretation anfängt, wird es uferlos.
Nur soviel: Es geht bei „sein" oder „nicht sein" im Englischen nicht um eine philosophische Frage über das „Sein an sich", nichts Ontologisches, sondern um die simple Frage: „Soll man dieses Leben aushalten oder nicht?" Es geht um Lebensqualität: stoisch oder heroisch; lange und gedul-

dig oder kurz, aber intensiv; passiv oder aktiv. Der springende Punkt ist, dass keiner weiß, ob es nach der einfacheren Lösung Freitod wirklich besser wird. Die Behauptung, dass das Jenseits ein unbekanntes Land ist, von dessen Grenzen kein Reisender wiederkehrt, widerspricht dem Auftritt von Hamlets Vatergeist zu Beginn; und dessen Andeutungen über das „Danach" waren schaudervoll. „To be or not to be" ist seit jeher Gegenstand von Wortspielen und Verballhornungen. Eine Variante sei hier nicht verschwiegen – Nigel Short, englischer Schachgroßmeister, grübelt überm Brett „B2 or not B2"…

Wie Sie Wahnsinn spielen!

Darauf gibt es drei Antworten:

- ➢ Sie machen es höfisch-höflich – dann merkt es keiner, denn Sie sind so verrückt wie alle.
- ➢ Sie machen es witzig-absurd – dann können Sie machen was Sie wollen.
- ➢ Sie machen es düster-depressiv – dann brauchen Sie nur finster und traurig schauen, die Schultern hängen lassen und bei Tisch bedrohlich mit dem Messer spielen.

Ich habe seit kurzem – ich weiß nicht wodurch – all meine Munterkeit eingebüßt …
Welch ein Meisterwerk ist der Mensch! Wie edel durch Vernunft! Wie unbegrenzt an Fähigkeiten! In Gestalt und Bewegung, wie bedeutend und wunderwürdig! Im Handeln, Wie ähnlich einem Engel! Im Begreifen, wie ähnlich einem Gott! Die Zierde der Welt, das Vorbild der Lebendigen. Und doch, was ist mir diese Quintessenz von Staube! Ich habe keine Lust am Manne – und am Weibe auch nicht.

(II, 2)

Haben Sie ordentlich mitgefühlt? Ist Ihnen die Hamlet-Rolle bis zur letzten Menschenstaubwischerei nahe gegangen? Haben Sie mit dem Dolch in der Hand hinterm bösen Onkel gestanden und gezaudert, was die Seele hergab? Haben Sie Ophelia und Mama Gertrud gemein gedemütigt, den Totenschädel geküsst, Polonius, Laertes und Claudius erstochen und sind zusammengebrochen? Gut. Wahnsinnig gut. Sie haben das höchste Lob verdient, das Ophelia vergeben kann: „*O welch ein edler Geist ist hier zerstört.*" (III,1)

Ophelia und Hamlet, das Wahnsinnspaar der Weltliteratur! Bleibt zum Schluss noch eine wichtige Frage zu klären: „Haben die beiden miteinander geschlafen?" Dazu Laurence Olivier, der 1947 Hamlet spielte und verfilmte und der die Antwort eines anonymen Schauspieler-Regisseurs zitiert: „In meinem Ensemble immer!"

8.
Die blutigsten Irrtümer

(mit Macbeth und seiner Lady)

„Nebel des Grauens", „Die Hexen vom Hochmoor", „Der unsichtbare Dolch", „Der Tote an meiner Tafel", „Schlaflos in Dunsinane", „Heideröslein, blutigrot", „Der verfluchte Fleck" (Teil 1), „Die Rückkehr des verfluchten Flecks" (Teil 2 bis unendlich), das wären mögliche Alternativtitel für den absoluten Gruselklassiker Shakespeares, den bluttriefenden, nachtschwarzen Schotten-Schocker, die Thriller-Tragödie „Mäc-" halt! Nicht aussprechen, der Fluch!!!!

Richtig, der berühmte Fluch, den jedes Theater zu berücksichtigen hat, wenn es wagt, die gottlose Blutorgie mit ihrer Beschwörung des Bösen auf den Spielplan zu setzen. Über dem M-Stück liegt „der Hexenfluch". Jeder Theatermensch, der das M-Wort vor der Premiere in den Mund nimmt, muss mit üblen Folgen rechnen. Ungeklärte Todesfälle, Scheinwerfer, die haarscharf neben den Hauptdarstellern zu Boden stürzen, Lady-Darstellerinnen, die in Gummizellen weiterspielen dürfen, durchgedrehte Drehscheiben und Statisten-Dünnpfiff – alles kommt vom magischen „M". Den Textbüchern sollte man warnende Beipackzettel beilegen, etwa: „Zu Wahnerscheinungen und tödlichen Nebenwirkungen fragen Sie einen Theaterarzt oder Exorzisten." Einzig wirksamer Abwehrzauber ist der Ersatz des M-Worts durch „das schottische Stück" oder „der Schotte". Also gut: Shakespeares schottisches Stück gehört neben *Hamlet, Othello* und *Lear* zu den „Big Four", den vier großen Tragödien – ist selbst aber die kürzeste mit 2300 Zeilen (und daher beliebter Schulstoff). In der Kürze liegt die Würze: eine dichte Atmosphäre bietet alles, was bis heute zum Grundprogramm eines guten Gruselmovies gehört:

- Schaurige Locations: Heide, Spukschloss, Zauberwald
- Hexen, Geister, lebende Tote, irre Mörder
- Special effects: Höllenküche, Hexenflug
- Gänsehaut-Sounds: Kriegstrommeln, Käuzchenrufe, Wolfsgeheul, Waffengeklirr, verzerrte Schreie
- Blutrünstige Morde und Schlachtszenen
- Wahnsinnsszenen mit Wahnsinnstexten

Kein Wunder, dass der Stoff tatsächlich öfter verfilmt wurde, zum Beispiel von Polanski (1971), der Jon Finch als „M" durch ein verdrecktes, kaltes Mittelalter stapfen lässt, und von Akira Kurosowa, dessen *Schloss im Spinnwebwald* (1957) wie ein japanisches Schwarzweißgemälde mit maskenhaften Samurais aus dem Nebel auftaucht.
Die Entstehungszeit des schottischen Stückes ist nur zu schätzen, irgendwann zwischen 1605 und 1611, dem Jahr des ersten verbürgten Berichts über eine Globe-Theater-Aufführung. Der Schocker lag im damaligen Trend, auch war der prominenteste Zuschauer, Jakob I. (seit 1603 neu auf dem Thron) ein idealer Adressat: erstens Schotte(!) und zweitens Verfasser einer „Dämonologie", also ein ausgesuchter Hexenkenner. „Hexenglaube" war in England verbreitet wie in Resteuropa, entsprang katholischen Langzeitstudien über das Böse und war auch mit protestantischer Nüchternheit nicht aus den Köpfen zu kriegen. So wurden unter Elisabeth I. 535 Hexenprozesse (mit 83 Hinrichtungen) geführt und zur gleichen Zeit im calvinistischen Schottland sogar 8000 Frauen als Hexen verbrannt.
Quelle des Schottenrock-Massakers: die Chronik Holinsheds; mit zwei wesentlichen Unterschieden: der historische König

Duncan war schwach und unfähig, nicht wie bei Shakespeare ein Mustermonarch, und aus ursprünglich zehn Jahren fähiger M-Herrschaft werden zehn Wochen unfähiger Psychopathen-Tyrannei.

Kürzestfassung:
Ein hypersensibler Karrierist, der weiblichen Einflüsterungen erliegt, verschafft sich mordend Krone und trügerische Sicherheit, um schließlich den Erfolg mit einer schizophrenen Partnerin und seinem Tod zu büßen.

Kurzfassung:
Zugige Heide: Drei Hexen prophezeien dem Schotten drei Titel, darunter den des Königs; und seinem Freund Banquo, dass er Stammvater eines Königsgeschlechts wird. Ein Brief informiert die Lady über die Aufstiegsperspektiven ihres Gatten, sie beschließt praktische Nachhilfe: König Duncan wird von M. ermordet, Folgen: Gewissensbisse, kosmische Katastrophen, Flucht der Königssöhne Malcolm und Donalbain. Drei Mörder bringen Banquo im Auftrag M.'s um, sein Sohn Fleance flieht: Damit besteht weiterhin die Aussicht auf künftige Königskonkurrenz. Als neuer König gibt M. ein Bankett mit Banquos blutigem Geist als Ehrengast – den nur M. sieht. Wachsende Herrscherunruhe. Ein Hexentermin vermittelt dem Schotten zweideutige Aussichten: Warnung vor Macduff, Hexenkesselerscheinungen von acht Königen aus Banquos Stamm und ein Orakel: M. könne von niemandem, den „je ein Weib gebar", getötet werden, und er werde nicht besiegt, solange nicht der Birnam-Wald zum Schloss Dunsinane hinaufkomme.
Der Schotte lässt Lady Macduff und ihre Kinder umbringen, seine eigene Lady driftet in den Wahnsinn ab: Sie wäscht sich ihre eingebildeten Bluthände, bis sie den Geist aufgibt. Ein Heer aus Engländern und revoltierenden

Schotten zieht gegen M., der immer apathischer wird. Das Ende: Der Wald kommt – als Tarnung tragen die anrückenden Gegner Zweige vor sich her, und im Zweikampf offenbart Macduff, dass er durch Kaiserschnitt zur Welt kam, ihn also kein Weib gebar – der Schotte verliert den Glauben an seine Unverwundbarkeit und logischerweise sein Leben, Malcolm wird König.

So viel zur Story. Ihre Sogkraft erhält sie durch die psychologisch genaue Studie eines Mörders, der in Selbstgesprächen den fortschreitenden Prozess seiner Selbstzerstörung reflektiert. Es ist die Geschichte eines überforderten Verbrechers. M. erinnert an einen Metzgerlehrling, der kein Blut sehen kann, aber intelligent genug ist, um es durch hartnäckiges Training zu lernen.

Tödlicher Stress – blutige Irrtümer

Der Schotte und sein Biest liefern dem überforderten Zeitgenossen einen aktuellen Grundkurs zum Thema: „Tödlicher Stress – und wie ich ihn vermeide". Lernen Sie aus dem Negativ-Beispiel unseres Stress-Schotten!

- ➢ Erkennen Sie frühzeitig die Gefahren überzogener Karriere-Erwartungen (Hexen prophezeien Ihnen den Königstitel)!
- ➢ Vermeiden Sie sinnlose, kräftezehrende Konkurrenzkämpfe gegenüber gleichqualifizierten Kollegen (Banquo)!
- ➢ Wehren Sie sich erfolgreich gegen Aufstiegsdruck seitens ehrgeiziger Lebenspartner (Lady M.)!
- ➢ Überfordern Sie sich nicht mit Führungsaufgaben, von denen Sie nicht überzeugt sind (Königsposition)!
- ➢ Achten Sie beim Delegieren zukunftswichtiger Aufgaben auf qualifizierte Mitarbeiter

(Banquo-Mörder lassen Banquo-Sohn entkommen)!

- Hören Sie auf die Warnsignale Ihres Körpers: Grübeln, Schlaflosigkeit, erhöhter Blutdruck, Angst- und Aggressionszustände, Schweißausbrüche. Herzrasen und Halluzinationen sind Anzeichen für Dysstress (siehe Schlussphase: Alltag im Schloss; Lady-Wahnsinn)!
- Steuern Sie psychotischen Zuständen entgegen und schalten Sie rechtzeitig ab! (Allmachts- und Unverwundbarkeitsfantasien auf Grund von „Hexenorakeln")!
- Gehen Sie mit Ihrer Energie nicht bis ans Äußerste, akzeptieren Sie Ihr Scheitern und lassen Sie sich nicht auf aussichtslose Konflikte ein (siehe Schlussphase: Krieg und Zweikampf gegen Macduff)!
- Morden Sie weniger und machen Sie stattdessen schwertfreie Spaziergänge im schottischen Hochland!

Lernen Sie im Folgenden einige symptomatische Fehleinschätzungen kennen, die die gesundheitsgefährdenden Eigenschaften mörderischen Stresses aufzeigen.

Falscher Geschäftsgrundsatz

> *Schön ist hässlich, hässlich schön:*
> *Schwebt durch Dunst und Nebelhöhn.*
> *Fair is foul and foul is fair:*
> *Hover through the fog and filthy air.* (I, 1)

Hexenvers zur Stückeröffnung, der eine totale Umwertung aller Werte vorgibt. Könnte auch heißen: „gut ist böse, böse gut" oder „recht ist schlecht, schlecht ist recht". Wenn Sie sich auf die gängige Kampfmoral im Geschäftsleben einlassen, dass Foulen zum Wettbewerb gehört und faires Verhalten den Verlierer ausmacht, dann sind Sie den Hexen bereits auf den Leim gegangen, noch bevor Sie Ihnen begegnet sind. Wundern Sie sich nicht, wenn diese drei Berufsberaterinnen Sie foulen.

Dubioses Stellenangebot

> *Sie begegneten mir am Tage des Sieges*
> *und ich erfuhr aus den sichersten Proben, dass sie mehr*
> *als menschliches Wissen besitzen.* (I, 5)

Erster Satz des Briefes an die Lady, in dem der Schotte, der gerade eine siegreiche Schlacht gegen Rebellen geschlagen hatte, von seiner unerwarteten Beförderung berichtet: Eben von den „Zauberschwestern" als Than von Cawdor begrüßt, ernennt ihn der König kurz darauf zu diesem. Ein heikler Titel. Sein früherer Besitzer ist ein Hochverräter. Für den Schotten ist es klar, dass nun auch der Hexengruß *„Heil dir, Macbeth, dir künft'gem König heil"* wahr werden wird. Aber wie? Die Lady kennt ihren Gatten gut:

> *Doch fürcht' ich dein Gemüt;*
> *Es ist zu voll von Milch der Menschenliebe …*

… um den beruflichen Erfolgsaussichten tatkräftig nachzuhelfen. Sie selbst rüstet sich sofort für den anstehenden „Karriere-Einsatz" und mutiert zum Mannweib:

> *…Kommt, Geister, die ihr lauscht*
> *Auf Mordgedanken, und entweibt mich hier;*
> *Füllt mich vom Wirbel bis zur Zeh', randvoll*
> *Mit wilder Grausamkeit! Verdickt mein Blut!* (I, 5)

Wenn Ihre berufliche Situation unbefriedigend ist und Ihnen ein besseres Stellenangebot gemacht wird: Prüfen Sie, ob es nach Schwefel riecht und seien Sie skeptisch, wenn dem

Angebot ein Dolch und die Adresse des jetzigen Stelleninhabers beigefügt ist. – Und trinken Sie weiterhin Ihre Milch zum Frühstück.

Übertriebener Ehrgeiz

Wär's abgetan, so wie's getan ist, dann wär's gut
Man tät 'es eilig… (I, 7)

Schotten-Skrupel, Schotten-Wunschfantasie: Meuchelmorden, ohne für die Folgen einstehen zu müssen. Wer gescheit ist, sieht die schwärzesten Konsequenzen einer Handlung – und verzichtet. M. sieht sie – und kann nicht locker lassen.

Ich habe keinen Stachel,
Die Seiten meines Wollens anzuspornen
Als einzig Ehrgeiz, der, zum Aufschwung eilend,
Sich überspringt und jenseits niederfällt. (I, 7)

M. – ein fataler Jockey, der sich aufs falsche Pferd setzt. Er reitet mit offenen Augen in sein Verderben. Warum? Die Lady droht mit Liebesentzug. Sie selbst hätte Entschlusskraft zum Königsmord – würde sogar ihr Baby von der Brust reißen und gegen die Wand schmettern. (Die berühmte Frage: „Wieviele Kinder hatte Lady M.?" – hier kommt sie her…) Außerdem legt sie einen ausgearbeiteten Mordplan vor. Und Mäcmemme macht Männchen:

…Gebär mir Söhne nur
Aus deinem unbezwungenen Stoffe können
Nur Männer sprossen! (I, 7)

Hören Sie auf Ihre innere Stimme! Stechen Sie nicht zu, wenn Ihre Risikoabwägung dagegen spricht!

Oder bleiben Sie unverheiratet …

Ungesunde Überstunden und Nachtarbeit

> *Mir war, als rief es: „Schlaft nicht mehr, Macbeth*
> *Mordet den Schlaf!"* (II, 2)

Der Königsmord ist ausgeführt, das Monsterpaar streitet sich: M. hat versehentlich die blutigen Dolche mitgenommen, die Lady bringt sie zurück, er selbst hat Schiss.
Nachtarbeit, Überstunden, gestörtes Teamklima – das kann einem den Schlaf rauben. Schlaflosigkeit und Nervosität sind ernsthafte gesundheitliche Warnzeichen. Treten Sie langsamer! Nehmen Sie Ihre Arbeit nicht nach Hause mit, vor allem keine blutige!

Mangelhafte Mitarbeiterschulung

> *„Mein König, wir sind Männer!"*
> *„Ja, im Verzeichnis lauft ihr mit als Männer.*
> *Wie Jagd- und Windhund, Blendling, Wachtelhund,*
> *Spitz, Pudel, Schäferhund und Halbwolf alle*
> *Der Name Hund benennt."* (III, 1)

So der Schotte zu Mördern. Auftrag: Kollegen Banquo inklusive Sohn abmurksen, weil dessen Nachkommen die Krone verheißen worden war. Die Mitarbeiterschulung stellt sich als Fehlschlag heraus. Einseitig werden nur Kampfhundqualitäten gefördert, der Sinn der Aufgaben wird nicht hinreichend vermittelt. Der Banquo-Bengel flieht – und mit ihm die künftige Konkurrenz. Wenn Sie Ihre Teamkollegen nicht in die Firmenstrategie einweihen, dürfen Sie sich nicht wundern, wenn nur halbe Arbeit geleistet wird.

Überflüssige Geschäftsessen

Unkörperliches Blendwerk, fort! – Ha! So.
(Banquos Geist entweicht)
Du bist nicht mehr, nun bin ich wieder Mann. (III, 4)

Unter Geschäftsleuten ist es eine Ehrensache, einen Termin mit Arbeitsessen einzuhalten, auch wenn man gerade ermordet wurde. Damit hätte M. als neugekrönter Firmenchef rechnen müssen, hatte er Banquo doch ausdrücklich als Hauptgast eingeladen. Im übrigen achten Sie auf halluzinatorische Effekte oder Tagträume – Sie können Zeichen einer schweren gesundheitlichen Störung sein (hervorgerufen durch Stress, Arbeitsüberlastung, Erwartungsdruck). Nehmen Sie den Lady-Ratschlag ernst:

Dir fehlt die Würze aller Wesen: Schlaf. (III, 4)

Konsequentes Fehlverhalten

Ich bin einmal so tief in Blut gestiegen
Dass, wollt ich nun im Waten stille stehn,
Rückkehr so schwierig wär', als durchzugehn. (III, 4)

M. spricht hier gegenüber der Lady den fatalsten Management-Fehler aus, auch genannt: die Konsequenz zur Scheiße. Die alte Seefahrer-Regel vom „point of no return" besagt, im Notfall, wenn man schon zu weit vom letzten Ausgangshafen entfernt ist, risikofreudig das Ziel anzusteuern – übertragen auf Stress und Überlastung heißt das, bis zum endgültigen Zusammenbruch einfach so weiterzumachen wie bisher – Männer ohne Herzinfarkt sind Schwächlinge.

Dass selbstgeschaffenes Graun mich quält

Ist Furcht des Neulings, dem die Übung fehlt. –
Wahrlich wir sind zu jung nur. (III, 4)

Schlechte Ernährung

Sumpf'ger Schlange Schweif und Kopf
Brat und koch im Zaubertopf:
Molchesaug und Unkenzehe,
Hundemaul und Hirn der Krähe,
Zäher Saft des Bilsenkrauts,
Eidechsbein und Flaum des Drachen,
Hexenmumie, Gaum und Rachen …
Abgekühlt mit Pavianblut,
Wird der Zauber stark und gut. (IV, 1)

Die Gefahren dauerhaften Kantinenessens dürften Ihnen bekannt sein. Lassen Sie sich Hexen-Fastfood nicht als leichtbekömmliches Frühstückchen verkaufen. Wenn Sie einen Energie-Drink für Ihre Mordsaufgaben brauchen, probieren Sie mal Apfel-Karotte, frisch gepresst, und nicht Kröte-Schierling, abgebrüht.

Überzogener Körperkult

Fort, verdammter Fleck! Fort sag ich! …
Noch immer riecht es hier nach Blut;
Alle Wohlgerüche Arabiens würden diese
kleine Hand nicht wohlriechend machen. (V, 1)

Die irre Lady mit Waschzwang und Putzfimmel schrubbt einer Idealvorstellung hinterher: einer Welt ohne Flecken, Mordindizien und Gewissensbisse.
Die Wahnsinnshygiene würde der Kosmetikindustrie heute Wahnsinnsumsätze bescheren. Sparen Sie Duschzeit und

lesen Sie mal wieder ein gutes Buch! Oder hören Sie sich Verdis M-Oper von 1847 an!

Bittere Bilanz

Leben ist nur ein wandelnd Schattenbild;
Ein armer Komödiant, der spreizt und knirscht
Sein Stündchen auf der Bühn' und dann nicht mehr
Vernommen wird; ein Märchen ist's, erzählt
Von einem Dummkopf…

Life 's but a walking shadow; a poor player
That struts and frets his hour upon the stage
And then is heard no more, it is a tale
Told by an idiot… *(V, 5)*

Die Lady tot, die Mitarbeiter geflohen – der Schotte, der *„mit dem Grau'n zur Nacht gespeist"* hat, ist am Ende seiner Karriere angelangt. Seine Stressoren (beruflicher Ehrgeiz, schikanöser Partner, Konkurrenzkampf) haben die körperliche und nervliche Gesundheit ruiniert. Jobstress und Burnout-Syndrom – eine klassische Mäc-Karriere.
Sein einziger Trost – er hatte es so kommen sehen. Um der schottischen Stresslaufbahn zu entgehen, begegnen Sie dem Konkurrenz-, Zeit- und Leistungsdruck durch die Methode des down-shifting, der Karriereverweigerung. Drehen Sie Ihre Erwartungen nach unten, auf ein Maß des Verträglichen. Downshifting ist unter Amerikas Geschäftsleuten bereits eine verbreitete Anti-Stress-Strategie.
Machen Sie's wie Banquo! Während der Schotte zu Stückbeginn über seine Aufstiegschancen grübelt, betrachtet der Freund zusammen mit dem guten König Duncan die Natur und die liebliche Luft:

Dieser Sommergast,
Die Schwalbe, die an Tempeln nistet, zeigt
Durch ihren fleiß'gen Bau, dass Himmelsatem
Hier lieblich haucht …! (V, 5)

Drinnen werden bald Höllendämpfe des Ehrgeizes entfesselt – aber wir stehen vor Schloss Inverness und atmen tief durch. Das Schloss ist noch heute zu besichtigen und eher eine kleine, etwas bullige Wohnanlage, aber in herrlicher Landschaft. *„Dies Schloss hat eine angenehme Lage"*, wie Duncan sagt. Reisen Sie doch mal nach Schottland, was Shakespeare, soweit wir wissen, nie getan hat! Spannen Sie aus, machen Sie es besser als Macbeth! (Blitz, Donner, explodierender Schreibtisch … Der Fluch!!)

9.
Starke Nummern frecher Frauen
(mit Rosalinde und Beatrice)

So witzig, launisch, selbstständig, verwegen, frech und stark viele Shakespeare-Frauen auch sind – leider können Sie nichts von ihnen lernen. Selbst die emanzipiertesten Charaktere haben eine Schleuse der Schwachheit zu durchlaufen, leider – und spätestens am Ende der Komödien hat aus den Ausreißerinnen und verkleideten Männerspielerinnen ein sittsames Weibchen zu werden. Oder, noch schlimmer, ihr Eigensinn wird mit Erwürgen, Selbstmord oder Wahnsinn belohnt. Shakespeares Frauenleben: zur Nachahmung nicht empfohlen. Trotzdem wagten sie zu ihrer Zeit Unerhörtes. Sie wehrten sich gegen ihre Väter und deren Heiratsvorschriften, wie Romeos Julia, Othellos Desdemona oder Hermia im *Sommernachtstraum*. Sie verweigerten einem Patriarchen wie Lear geheuchelte Tochterliebe und gaben wie Cordelia lieber ihr Erbe auf als ihre Ehrlichkeit. Oder sie flohen mit ihrem

LIEBE IST EINE BLOSSE TOLLHEIT...
WIE ES EUCH GEFÄLLT, III. AKT, Sz. 2

Liebhaber auf und davon, im Gepäck die Edelsteine aus Vatis Juweliergeschäft .

> *Ich wollte meine Tochter läge tot zu meinen Füßen und hätte die Juwelen in den Ohren. (Kaufmann von Venedig III, 1)*

So verflucht Shylock seine Tochter Jessica und muss erfahren, dass die Kleine seinen Lieblingsring gegen ein Äffchen eintauschte. Frauen haben eben eine andere Einstellung zur männlichen Preisbeschilderung der Welt. Ein Ring für ein Äffchen – *„ich hätt ihn nicht für einen Wald von Affen hergegeben"*, sagt Shylock. Andere Werte, weibliche Werte – es ist nicht einfach, sie durchzusetzen, und vor allem dauerhaft – nach einer phasenweisen Auflehnung, nach einem Fluchtabenteuer, nach einem wirren Lauf durch Zauberwälder oder einer befristeten Kratzbürstigkeit als Unverheiratete ist es mit Shakespeares vorsichtigem Feminismus oft auch schon vorbei. Der protestantische Fanatiker John Knox hatte mit seiner Streitschrift gegen die beginnende Emanzipation gewettert: *Erster Trompetenstoß gegen das monströse Regiment der Frauen* (1558). Kaum regieren einmal Frauen an der Spitze (wie Maria, die Katholische oder Elisabeth I.) fühlt sich die Männerwelt auf den Schwanz getreten. Elisabeth demonstriert als erste Frau im Staat eine Bedingung weiblicher Selbstständigkeit, die auch das Schicksal der frechen Shakespeare-Frauen eingrenzt: So lange sie (noch) nicht unter der Haube sind, wehren sie sich, stehen sie in Hosenrollen ihren Mann, kämpfen sie mutig für ihre Liebe und um ihre Liebhaber. Ist erst einmal das Ja-Wort gesprochen, haben sie sich in die Schublade „gehorsame Gattin" einzuordnen. Bleiben sie auch in der Ehe selbstbewusst, rutschen sie sofort in Hexennähe (Lady Macbeth) oder ins launische Tyrannenfach (Kleopatra). Trauriges Beispiel für die Domestizierung einer starken Frau ist *Der Widerspenstigen Zähmung* (um 1594), in der die wilde Katharina vom Vater an den Meistbietenden verhökert wird und dieser, Petruccio, mit Schlaf- und Essensentzug und subtiler Psychofolter den aufbegehrenden Frauengeist auf winselnde Käthchengröße niederzwingt. *Kiss me Kate*, Cole Porters Musical von 1948, verlangt schon im Titel den Kuss als Zeichen erfolgreicher Unterwerfung.

Freche Frauen – Shakespeare liebt sie und gestattet ihnen wenigstens für die Dauer einer Komödie starke Nummern der Selbstbehauptung und Ausflüge in die Eigenständigkeit. Heute würden Sie Harriet Rubins *Machiavelli für Frauen* lesen und vor dem Sieg der Männer die Bühne verlassen. Treffen wir uns also mit zwei Heldinnen, solange sie noch ungebunden sind: Rosalinde und Beatrice – befragen wir sie zu einigen Stichwörtern weiblicher Lebensstrategie.

Interview 1
„Kein Juwel gleicht Rosalinden“
(Orlando, Hobbydichter)

Rosalinde, Tochter eines verbannten Herzogs, seit kurzem selbst verbannt, treibt sich zusammen mit einer Schar von Exilbekanntschaften im Wald von Arden herum. Man könnte dem bunten Haufen ehemaliger Höflinge und Hoffräuleins gratulieren und sagen: „Großartig, ihr lebt doch endlich, *As you like it – Wie es euch gefällt*“ (1598/99). Wir begegnen Fräulein Rosalinde auf einer Waldlichtung, sichtlich erschöpft.

FRAGE: Rosalinde, Sie haben sich sicherheitshalber als Mann verkleidet, nennen sich Ganymed und machen mit ihrer Cousine Celia einen Natururlaub. Wie geht's?
Denkst du, weil ich wie ein Mann ausstaffiert bin,
dass auch meine Gemütsart in Wams und Hosen ist?
Ich wäre imstande meinen Mannskleidern eine
Schande anzutun und wie ein Weib zu weinen. *(II, 4)*

Was halten Sie von außergewöhnlichen Liebeserklärungen, etwa durch Kleinanzeigen, Graffitis oder …?
Es spukt hier ein junger Mensch im Walde herum, der unsre junge Baumzucht missbraucht, den Namen Rosalinde in die Rinden zu graben, der Oden an Weißdornen hängt und Elegien an Brombeersträucher… *(III, 2)*

Klingt nicht gerade so als hielten Sie viel von der Liebe …
Liebe ist eine bloße Tollheit, und ich sage Euch, verdient eben so gut eine dunkle Zelle und Peitsche als andre Tolle, und die Ursache, warum sie nicht so gezüchtigt und geheilt wird, ist, weil sich diese Mondsucht so gemein gemacht hat, dass die Zuchtmeister selbst verliebt sind. *(III, 2)*

Was gehört für Sie zu einem Rendevous? Eine interessante Unterhaltung, oder …?
Gute Redner räuspern sich, wenn Sie aus dem Text kommen, und wenn Liebhabern (was Gott verhüte!) der Stoff ausgeht, so ist der schicklichste Behelf zu küssen. *(IV, 1)*

Sie wirken sehr selbstbewusst – was halten Sie von der Ehe?
Männer sind Mai, wenn sie freien, und Dezember in der Ehe. Mädchen sind Frühling, solange sie Mädchen sind, aber der Himmel verändert sich, wenn sie Frauen werden. *(IV, 1)*

Man liest in letzter Zeit viel über die besonderen Vorteile weiblicher Taktik, à la Machiavelli?
Oh, die Frau, die ihre Fehler nicht ihrem Manne in die Schuhe schieben kann, die lasst nie ihr Kind säugen, sie würde es albern großziehen. *(IV, 1)*

Weibliche Konkurrenz fürchten Sie nicht? Auch andere Frauen haben schöne Hände, dort zum Beispiel die Naturschönheit Phoebe?
Ich sah wohl ihre Hand: Sie ist wie Leder,
'ne sandsteinfarbne Hand, ich glaubte in der Tat,
Sie hätte ihre alten Handschuh' an. *(IV, 3)*

Sie lieben Orlando, er liebt Sie. Ich bin sicher es wird nicht lange dauern und Sie legen wieder Frauenkleider an und schwören ihm ewige Treue?
Ich bitte euch, nichts mehr davon, es ist, als ob die Wölfe gegen den Mond heulen. *(V, 2)*

Fräulein Rosalinde, pardon, Herr Ganymed, wir danken Ihnen für das Gespräch.

Interview 2
„Ach, teures Fräulein Verachtung!“
(Benedikts Begrüßung Beatrices)

Beatrice, Nichte des Leonato, lebt auf dessen Landgut in der Nähe des italienischen Messina und hat der Liebe abgeschworen. In Benedikt, einem jungen Florentiner Aristokraten, hat sie einen geeigneten Wetzstein für ihre Zunge gefunden. Beatrice und Benedikt, Junggesellen aus Leidenschaft, werden durch eine List ihrer Freunde dazu gebracht, sich gegenseitig für verliebt zu halten – bis sie es schließlich sind. Ein Spiel aus Liebe und Intrigen, denen beinahe Beatrices Cousine Hero zum Opfer fällt (fälschlicherweise der Untreue verdächtigt und vom Bräutigam Claudio verstoßen, muss sie erst ihren Tod vortäuschen, um gerechtfertigt zu werden) – insgesamt *Much Ado about Nothing – Viel Lärm um Nichts* (um 1599). Wir treffen Beatrice im Garten ihres Onkels um von ihr zu erfahren, wie man sich erfolgreich gegen Männer wehrt (von der drohenden Benedikt-Liebe verraten wir natürlich nichts).

FRAGE: Signora Beatrice, wie geht es Ihnen?
Auch sehr schlecht. *(V, 1)*

Freuen Sie sich nicht über die bevorstehende Heirat Ihrer Cousine Hero mit Claudio?
Du lieber Gott, so wird alles Verwandtschaft und heiratet! Die ganze Welt, nur ich nicht, und mich verbrennt die Sonne. Ich muss im Winkel sitzen und schrein: He, einen Mann! *(II, 1)*

Wie man hört, ist Ihre Einstellung gegenüber Liebeserklärungen eher skeptisch …
Ich wollte lieber einen Hund eine Krähe verbellen hören, als einen Mann schwören, er liebt mich. *(I, 1)*

Gäbe es denn – rein theoretisch – nicht doch einen Traumtypen für Sie, einen Mann, vielleicht mit Stahlmuskeln und einem Drei-Tage-Bart…?
Mein Gott! So ein Mann mit einem Bart im Gesicht, das könnt ich nicht ertragen. Lieber wollt ich ohne Laken zwischen wollenen Pferdedecken schlafen! *(II, 1)*

Nehmen wir zum Beispiel Signor Benedikt, wäre er nicht die ideale Mischung?
Oh Gott! Ihn kriegt man leichter als die Pest und wer ihn kriegt, der wird sofort verrückt. *(I, 1)*

Man sagt, er hätte an Sie sein Herz verloren…?
Er hat es mir eine Zeit lang geliehen, und ich gab ihm Zinsen dafür; zwei Herzen für sein einzelnes… *(II, 2)*

Kommt Liebe nicht manchmal mit der Zeit?
Nicht ehe ein heißer Januar kommt. *(II, 2)*

Sehr witzig, offenbar sind Sie in einer lustigen Stunde geboren.
Nein, gewiss nicht… Meine Mutter hat geschrien. Aber da war auch ein Stern der tanzte, und unter dem bin ich geboren. *(II, 2)*

Gesetzt den Fall ein Herzensritter würde bei seinem Degen schwören, dass er Sie liebe – was würden Sie ihm sagen?
Schwört bei nichts, das ihr dann verschlucken müsst. *(IV, 1)*

Signora Beatrice, wir danken Ihnen für das Gespräch.

BLAST, WINDE, SPRENGT DIE BACKEN …
KÖNIG LEAR, III. AKT, SZ. 2

10.
Der große Abgang
(mit König Lear und Prospero)

Ist es schon schwer genug einen perfekten Auftritt zu meistern, so ist es noch heikler, sich mit einem großen Abgang erfolgreich von der Angeber-Bühne zu verabschieden. Mit Autorität und Lebenserfahrung zeigen Ihnen zum Abschluss Shakespeares mächtigste Aussteiger, wie Sie sich eindrucksvoll aus aus dem Blickpunkt des öffentlichen Interesses zurückziehen: König Lear und Prospero. Jeder von ihnen ist ein alter Profi im Umgang mit Macht und Selbstbehauptung, beide inszenieren ihren Abgang im großen Stil – und beiden gelingt es, unabhängig von ihrem hohen Alter, sich von spießigen Rücksichten und etablierten Positionen freizumachen. Zwei Großmeister der hohen Kunst, sich überflüssig zu machen, stellen Ihnen zwei Modelle des großen Abgangs vor. Mit Lear trainieren Sie den aktiven Rückzug und halten sich wahnsinnig fit durch Heide-Jogging und natürliche Lebensweise. Mit Prospero verzaubern Sie Ihre Umgebung, um auf dem Höhepunkt der allgemeinen Faszination stilvoll abzutreten. Vorhang auf zum großen Finale!

Lears Lektionen für ein langes Leben

Bevor wir in Lears finales Fitnessprogramm einsteigen, zunächst ein paar Hintergrundinformationen: *King Lear*, Tragödie, entstanden um 1604/05, basiert auf einer alten Sage, die von einem greisen König erzählt, der seine liebste Tochter verstößt, sein Reich unter seinen beiden anderen Töchtern aufteilt, von ihnen aber verachtet und misshandelt wird. Shakespeare liegen verschiedene Bearbeitungen dieses Stoffes vor: die *Historia Regum Britanniae* des Geoffrey of Monmouth (aus dem 12. Jahrhundert), Holinsheds Chronik von 1577 und ein anonymes Drama, *The True Chronicle History of King Lear*, die ein glückliches Ende bietet: Lear wird von der guten Cordelia mit französischem Heereseinsatz gerettet und wieder als König eingesetzt.

KÜRZESTFASSUNG:

Britannien, frühes Mittelalter. König Lear, achtzig und kein bisschen weise, geht in den Unruhestand: Flucht vor den undankbaren Töchtern Regan und Goneril, die ein Regiment des Schreckens führen. Wahnsinnsjogging über die stürmische Heide. Versöhnung mit Lieblingstochter Cordelia. Zwischen Krieg und Frieden kommt es endgültig zum Verlust von Verstand und Leben.

P.S.: Lears Narr hatte sich schon im dritten Akt von der Bühne verdrückt, sein letzter Satz: *„Und ich will am Mittag zu Bett gehen."* Angesichts des Riesenelends eine gute Idee.

König Lear – eine erschütternde Moritat über den Fall eines Mächtigen, ein grausames Endspiel, das nichts zurücklässt außer blutiger Erde und ergriffene Zuschauer. In unserem Zusammenhang wollen wir darauf verzichten, weiter in den Wunden blinder Schicksalsspieler zu bohren. Machen wir einen Perspektivwechsel: Lear einmal nicht als Ikone des Schmerzes, sondern als Titelheld eines Wellness-Magazins.

Konzentrieren wir uns auf Lears Powertraining und seine Tipps für ein gesundes Älterwerden und einen starken Abgang:

1. Sie sind nie zu alt für einen positiven Wechsel Ihres Lebensstils!

Derweil enthüllen wir den verschwieg'nen Plan.
Die Karte dort! – Wisst, dass wir unser Reich
Geteilt in drei: s' ist unser fester Schluss,
Von unserm Alter Sorg' und Müh zu schütteln,
Sie jüngrer Kraft vertrauend, während wir
Zum Grab entbürdet wanken … *(I, 1)*

Lernen Sie Verantwortung abzugeben, geliebte Führungspositionen zu räumen und von der Macht Abschied zu nehmen. Entdecken Sie für sich neue Freiräume, die größer sind als ihr bisheriges Büro und die zukünftige Holzkiste. „Zum Grab entbürdet wanken …" – das ist die heitere Ironie einer aktiven Persönlichkeit, die ihre Herausforderungen sucht. „Verschwiegener Plan" – bereiten Sie sich geistig auf den Schritt ins Freie vor – träumen Sie von neuen Aktivitäten … Wie wärs mit ein bisschen Bewegung?

2. Laufen Sie dem Alter davon – mit Heide-Jogging!

Er will in seiner kleinen Menschenwelt
Den Kampf von Sturm und Regen übertrotzen
In dieser Nacht … rennt er mit unbedecktem Haupt
Und gibt sich gänzlich preis.
(Ritterbericht über Lears Lauftraining, III, 1)

Raus aus dem Stress mit undankbaren Töchtern und inkompetenten Mitarbeitern – hinein in die Natur! Ein leichtes

Laufprogramm über federnden Heideboden baut seelische Verspannungen ab und durchlüftet Körper und Geist. Sie brauchen Wind und Wetter nicht zu scheuen, wenn Sie auf diese Weise Ihre Abwehrkräfte stärken. Ein Laufpartner lockert das Trainig auf, und sei es ein Narr. Das Tempo ist dann ideal, wenn Sie sich noch unterhalten oder ein Liedlein singen können:

Wem der Witz nur schwach und gering bestellt,
Hopp heißa bei Regen und Wind,
Der füge sich still in den Lauf der Welt,
Denn der Regen der regnet, jeglichen Tag. *(III, 2)*

Laufen Sie mit dem Lauf der Welt, warten Sie nicht auf besseres Wetter – es kommt sowieso nicht.

3. Achten Sie auf eine gesunde Ernährung und eine gute Verdauung!

Blast, Winde, sprengt die Backen! Wütet! Blast!
Ihr Katarakt' und Wolkenbrüche, speit,
Bis ihr die Türm' ersäuft und Wetterhähn' ertränkt!
Ihr schweflichten, gedankenschnellen Blitze,
Vortrabt dem Donnerkeil, der Eichen spaltet,
Versengt mein weißes Haupt! Du Donner, schmetternd,
Schlag flach das mächt'ge Rund der Welt; zerbrich
Die Formen der Natur, vernicht auf eins
Den Schöpfungskeim des undankbaren Menschen!
(III, 2)

Ist das nicht eine beneidenswerte Darmarbeit? Leistung geht durch den Magen. Eine abwechslungsreiche, ausgewogene Kost macht Sie wie Lear zu einem wahren Naturereignis der Gesundheit. Für alle, die wissen wollen, was Lears Geheimnis jugendlicher Energie ist, hier der Ernährungsplan, zusammengestellt von Edgar, dem Chefkoch der Fitnessfarm in der Heide, der als armer Irrer, als Poor Tom, vor seinem intriganten Bruder Edmund in die freie Natur geflohen ist. Natürlich gesund wie Poor Tom bleibt,

der den schwimmenden Frosch isst, die Kröte,
die Unke, den Kellermolch und den Wassermolch;
der in Wut seines Herzens … Kuhmist für Salat isst,
die alte Ratte verschlingt und den toten Hund … (III, 4)

4. Haben Sie Mut zur Originalität, bleiben Sie offen für Verrücktheiten!

Du bist das Ding an sich; der natürliche
Mensch ist nichts mehr, als solch ein armes,
nacktes, zweizinkiges Tier wie du. Fort, fort, ihr Zutaten!
Kommt, knöpft mich auf! (III, 4)

Wenn Sie wie Lear der Freikörperkultur anhängen, wenn Sie sich mit Blumen und Kränzen schmücken und einfach wahnsinnig gut aufgelegt sind – lassen Sie sich nicht beirren von Mitmenschen, die ihre Exzentrik als verrückt ablehnen, mit Kommentaren wie: *„Du hättest nicht alt werden sollen, eh' du klug geworden bist"* (so der Narr, I, 5). Pflegen Sie Ihren persönlichen Lebensstil und sagen Sie sich: *„Natur ist hierin mächtiger als die Kunst."* Machen Sie sich frei von Kleidervorschriften und Verhaltenszwängen! Tanzen Sie nackt mit Flowerpower über die Heide oder durch den nächsten Stadtpark! Ihre Lebensdevise, um mit Edgar zu sprechen:

O tiefer Sinn und Aberwitz gemischt.
Vernunft in Tollheit! (IV, 6)

5. Geben Sie Sex und Zärtlichkeit eine Chance!

Ja, jeder Zoll ein König! – …
Der Zeisig tuts, die kleine goldne Fliege,
Vor meinen Augen buhlt sie.
Lasst der Vermehrung Lauf! …
Dran Unzucht! Frisch auf, denn ich brauch Soldaten …
Gib etwas Bisam, guter Apotheker,
Meine Fantasie zu würzen. (VI, 6)

Befreien Sie sich von moralischen Vorurteilen und hören Sie auch hier nicht auf eifersüchtige Kritiker, die Ihnen Ihr natürliches Recht auf ein sinnlich erfülltes Leben bestreiten wollen, mit Sätzen wie:

O du zertrümmert Meisterstück,
So nutzt das große Weltall einst sich ab
Zu nichts … (IV, 6)

6. Bleiben Sie fantasievoll – und ein alter Angeber!

Schaff Augen dir von Glas,
Und wie ein niederträchtiger Schwindler tu,
Als sähst du Dinge, die du doch nicht siehst.
Nun, nun, nun, nun – (IV, 6)

Niemand wird Ihnen garantieren können, dass Ihr Leben frei von Tragik und Zumutungen sein wird. Lears letzter Aufenthalt ist keine Seniorenresidenz, sondern ein Kerker. Aber er bewahrt sich ein Zaubermittel, das ihm ermöglicht, die Härten der Realität zu überwinden und eine positive Lebenseinstellung aufrecht zu erhalten: Fantasie. Zur Leidensgenossin Tochter Cordelia sagt er auf dem Weg in die Haft:

Da lass uns singen wie Vögel in dem Käfig,
Bittst du um meinen Segen, will ich knien
Und dein Verzeihn erflehn. So wolln wir leben,
Beten und singen, Märchen uns erzählen
Und über goldne Schmetterlinge lachen … und tun so tief
Geheimnisvoll, als wären wir Propheten
Der Gottheit … (V, 3)

7. Jetzt oder nie! Kosten Sie die Zeit aus

O du kehrst nimmer wieder,
Niemals, niemals, niemals, niemals, niemals! (V, 3)

Lears berühmtes fünffaches „never" über seiner toten Cordelia ist ein ergreifender Appell, die eigenen einmaligen Lebenschancen zu ergreifen, die unwiederbringlichen Augenblicke zu nutzen – und den Töchtern des Herzens zu vertrauen.

Prosperos Abschied, ein Abgang, wie er im Buche steht

Nun sind Sie bereit für den Abgang – learisch gestärkt und tierisch gut drauf. Gehen wir die letzte Aufgabe an, die schwierigste: herauszufinden, wann es mit der Selbstdarstellung gut ist und mit Stil abzutreten. Schließen wir langsam den Kreis, der im Vorwort mit „Urlaubsgrüßen von Calibans Insel" begann, und kehren noch einmal zurück ins Paradies der Utopie. Ein Magier nimmt Sie bei der Hand, hebt seinen Stab und versetzt Sie auf das Eiland der Fantasie, wo wir uns unter Abenteuerurlaubern wiederfinden, die nicht ganz freiwillig hier sind. Ein Sturm ließ ihr Traumschiff stranden – halten wir beim Stichwort „Sturm" inne und geben einen kurzen Überblick über das Drama des großen Abgangs.

Der Sturm – The Tempest, uraufgeführt am 1. November 1611 bei Hofe Jakobs I., gilt als Shakespeares letztes Stück (und das ist auch besser so, denn *Heinrich VIII.*, ein Nachläufer, bleibt eine schwache Co-Produktion mit Kollegen), findet sich in guter Textverfassung nur in der Folio-Ausgabe; historischer Anlass: die Strandung des Flaggschiffs der Virginia-Flotte unter Sir Thomas Gates auf den Bermudas im Jahre 1610. Der Stoff ist, bis auf einige Einzelheiten und Zitate, eine shakespearesche Originalerfindung.

KÜRZESTFASSUNG:
Prospero, verbannter Ex-Herzog aus Mailand, regiert im Inselexil mit Zauberkraft. Ein Sturm spült ihm seine alten Feinde in die Hände, darunter sein Bruder Antonio, der ihn vertrieb, und Alonso, König von Neapel, der ihm dabei half, sowie dessen Sohn Ferdinand, in den sich Prosperos Tochter Miranda verlieben wird. Nach zauberischen Läuterungen triumphiert Versöhnung über Rache, Liebe über Hass und Alkohol über Umsturzversuche. Bruch des Zauberstabes,

SO BRECH ICH MEI-NEN... BRECH-ICH... MEI...NEN...
STAB - STAB - STAB...
DER STURM, V. AKT, SZ. 1

Entlassung der Insel in die Unabhängigkeit, Aufbruch nach Mailand als rehabilitierter Herzog – Prosperos demütiger Abschied von der Insel der Utopie und von seinem Liebling, dem Luftgeist Ariel.
Von diesem wunderbaren Märchen der läuternden Schrecken und der Versöhnung soll hier nur ein kleiner, bescheidener Abschnitt betrachtet werden. In drei Schritten bereiten wir uns auf den großen Abgang vor, mit Musik, Wachträumen und – einem Abschied von der Fantasie:

1. Musik! – damit es nicht zu sehr schmerzt

Sei nicht in Angst! Die Insel ist voll Lärm,
Voll Tön' und süßer Lieder, die ergötzen
Und niemand Schaden tun. Mir klimpern manchmal
Viel tausend helle Instrument' ums Ohr
Und manchmal Stimmen, die mich, wenn ich auch
Nach langem Schlaf erst eben aufgewacht,
Zum Schlafen wieder bringen: dann im Traume
Wars mir, als täten sich die Wolken auf
Und zeigten Schätze, die auf mich herab
Sich schütten wollten, dass ich beim Erwachen
Aufs neu' zu träumen heulte. (III, 2)

So beruhigt Caliban sich und seine revolutionären Clowns. Gleichzeitig verrät er eine uralte Weisheit: die heilsamen besänftigenden Wirkungen der Musik aufs Gemüt. Und so beruhigt er uns. Als Angeber steht Ihnen leider keine Insel mit eingebautem Soundtrack zur Verfügung, und bevor Sie in den nächsten Supermarkt mit Musikberieselung laufen, sollten Sie sich ihr Schmerzmittel lieber selbst aussuchen. Legen Sie ihre Lieblingsmusik auf! Sollten sie ratlos sein, probieren Sie eine Sturm-Vertonung, Henry Purcells Oper von 1695 oder Jean Sibelius' Bühnenmusik von 1925. Die Musik wird

Ihnen helfen, den nächsten Schritt zu gehen, vielleicht den unangenehmsten: gleich müssen Sie aufstehen und Abschied nehmen. Musikalisch träumen Sie sich wach.

2. Aufwachen! Der schönste Traumstoff sind Sie selbst

Das Fest ist jetzt zu Ende; unsre Spieler
Wie ich euch sage, waren Geister und
Sind aufgelöst in Luft, in dünne Luft.
Wie dieses Scheines lockrer Bau, so werden
Die wolkenhohen Türme, die Paläste,
Die hehren Tempel, selbst der große Ball,
Ja, was daran nur teil hat, untergehn;
Wie dies leere Schaugepräng' erblasst,
Und spurlos verschwinden.

(Nun folgt jener Vers, der eine Analyse der menschlichen Bausubstanz wiedergibt, die kein Human-Genom-Projekt je bestätigen dürfte – außer es wird noch ein Traum-Gen entschlüsselt – und die doch verführerisch wahr klingt:)

Wir / sind solcher Stoff, aus dem Träume gemacht sind,
Und unser kleines Leben rundet Schlaf ab.
(IV, 1; übersetzt von E. Fried)

Eben hat Prospero für die jungen Liebenden Miranda und Ferdinand eine kleine Inselshow herbeigezaubert, jetzt ist Programmschluss. Aber nicht nur für die Unterhaltungssendungen Prosperos, auch für seinen Schöpfer Shakespeare ist die Zeit des Rückzugs vom Zaubergeschäft gekommen. *Der Sturm* ist 1611 der Abschied von London, und vom geliebten Globe-Theater, das zwei Jahre später abbrennen wird (fast prophetisch die Verszeile, dass *„selbst der große Ball"* *untergehen wird – „the great globe(!) itself… shall dissolve"*). Für Sie als Angeber ist es jetzt Zeit, die Augen aufzumachen. Was immer Sie sich und anderen vorgemacht haben, es war ein Produkt des magischen „als ob". Schenken Sie Ihren Bewunderern reinen Wein ein, erheben Sie das Glas und zitieren Sie noch einmal effektvoll auf Englisch:

We are such stuff
As dreams are made on, and our little life
Is rounded with a steep.

3. Bücher versenken! Nehmen Sie Abschied von Glück und Fantasie

Doch dieses grause Zaubern
Schwör ich hier ab; und hab ich erst, wie jetzt
Ich's tue, himmlische Musik gefordert,
Zu wandeln ihre Sinne, wie die luft'ge
Magie vermag: so brech ich meinen Stab,
Begrab ihn manche Klafter in die Erde,
Und tiefer, als ein Senkblei je geforscht,
Will ich mein Buch ertränken. *(V, 1)*

Prospero löst nicht nur den Zauberbann, der seine Gegner fand, er verzichtet ganz auf seine Magie, mit deren Hilfe er den Sturm lenkte, und auf sein Glück. Wortwörtlich war Prospero als Herr des Sturmes auch Herr über Fortuna, denn ihre Grundbedeutung ist eben „Seesturm" Shakespeare kannte diesen Doppelsinn höchstwahrscheinlich, denn das populäre italienisch-englische Wörterbuch *A Worlde of Words* (1598) hatte Florio herausgebracht, der gelehrte Bibliothekar seines Gönners Southampton. Dort steht unter Fortuna: „A storme, a tempest(!), wild weather at sea. Also fortune, chance, hap, lot, good or bad hazard or adventure."

Prospero selbst trägt einen „glücklichen" Namen – denn „prosper" heißt nichts anderes (und verheißt dazu noch Prosperität – wirschaflichen Gewinn, eine wichtige elisabethanische Größe). Wenn Prospero am Schluss seines Glücksdramas auf seine Fortuna lenkende Magie verzichtet, dann ist das eine der größten Charakterleistungen: der Verzicht auf die menschliche Illusion, seines Glückes Schmied zu sein. Ist das allzu ernüchternd? Oder nur realistisch?
Der Abschied von der Illusion – für Prospero, den letzten in unserer Reihe der alten Angeber, ist es eine mit der Zeit gewonnene Lebenseinsicht (hinter der sich vermutlich ein Selbstporträt Shakespeares verbirgt). Der Maskenzauber aus Zitaten und Angebersituationen löst sich am Ende auf in das, was er schon immer war: pure Einbildung.

Aber wie sieht nun der große Abgang tatsächlich aus? Wie ziehen Sie sich nach allem Abschied von der Fantasie und ihren Angebereien praktisch aus dem Mittelpunkt des allgemeinen Interesses zurück? Ganz einfach: unaufwendig, ruhig, beiläufig. Peter Greenaway's *Sturm*-Verfilmung von 1991 zeigt Prosperos Abschied als Triumph der Einsicht: Der alte Sir John Gielgud ist unermüdlich beschäftigt eine Zauberwelt der Bücher zu beherrschen. Hier lebt nicht die Magie der Geister, sondern die des Geistes. Der endgültige Abschied ist eine Erlösung vom Denken-Müssen, vom Imaginationszwang, von dem Wahn, noch die fremdeste Welt mit Kopfgeburten bevölkern zu müssen. Sir John Gielgud nimmt Abschied von seinen Büchern, staunend, skeptisch, melancholisch. Der Film heißt *Prosperos Books* – die Enzyklopädie Greenaways ist kunterbunt – aber am Ende spricht Prospero nur noch von einem Buch, das er, tiefer als ein Senkblei je geforscht, versenken will. Wie heißt das Buch?
Viele Vermutungen sind über das wahre Zauberbuch gemacht worden: Shakespeares Zeitgenossen Cornelius

Agrippa und Joannes Wiers schrieben alchemistische und okkulte Leitfäden zum Beschwören von Luftgeistern wie Ariel. Oder war es Machiavellis *Der Fürst* (1513), das Handbuch zur Weltunterwerfung durch Willen und zupackende Geistesgegenwart?

Während Prospero sein Schiff nach Mailand besteigt und Shakespeare seine Koffer packt um ins Heimatstädtchen Stratford zurückzukehren, schließen wir als letzte Lektion des großen Abgangs Prosperos Buch und fügen jenes Gebet ans Publikum an, mit dem sich der alte Zauberer von der Bühne verabschiedet. Damit es nicht zu herzzerreißend wird, machen wir es wie gute Angeber beiläufig und ohne spektakuläre Geste und wissen, dass wir schummeln können, denn unser Zauberbuch lässt sich in Wahrheit nicht versenken. Es gehört zum Kernbestand der Weltbibliotheken und wir können es hervorziehen, wann immer uns die Angeberlust packt. Prosperos Book trägt seit fast vierhundert Jahren auf seinem Einband den magischen Titel:

The Complete Works of William Shakespeare

Epilog

Von Prospero gesprochen.

Hin sind meine Zauberein,
Was von Kraft mir bleibt, ist mein,
Und das ist wenig: nun ist's wahr,
Ich muss hier bleiben immerdar,
Wenn ihr mich nicht nach Neapel schickt.
Da ich mein Herzogtum entrückt
Aus des Betrügers Hand, dem ich
Verziehen, so verdammet mich
Nicht durch einen harten Spruch
Zu dieses öden Eilands Fluch.
Macht mich aus des Bannes Schoß
Durch eure will'gen Hände los.
Füllt milder Hauch aus eurem Mund
Mein Segel nicht, so geht zugrund'
Mein Plan; er ging auf eure Gunst.
Zum Zaubern fehlt mir jetzt die Kunst:
Kein Geist, der mein Gebot erkennt;
Verzweiflung ist mein Lebensend',
Wenn nicht Gebet mir Hülfe bringt,
Welches so zum Himmel dringt,
Dass es Gewalt der Gnade tut
Und macht jedweden Fehltritt gut.

Wo ihr begnadigt wünscht zu sein,
Lasst eure Nachsicht mich befrein.

NUN WILL, ICH SCHÄTZE DAS SIND NACHGEBÜHREN IM GEGENWERT EINES SCHWEINS.

IV. Auf einen Blick: Leben, Werk und Zeitgeschichte

1564 *26. April: William Shakespeare in Stratford getauft*
(Geburt vielleicht am 23. April)
Vater: John Shakespeare, Stadtkämmerer und Händler; Mutter: Mary, geborene Arden;
Christopher Marlowe (Dramatiker) und Galileo Galilei geboren; Tod Calvins und Michaelangelos;
Tabak und Kartoffeln als Importe erstmals in England

1567 *Bruder Gilbert geboren*
Erstes festes Theater in London (Red Lion);
Nostradamus gestorben

1568 *Vater John Shakespeare Bürgermeister von Stratford*
Flucht Maria Stuarts nach England, Gefangennahme;
Niederländischer Freiheitskampf gegen Spanien (bis 1648);
Englisch-spanischer Handelskrieg (bis 1574)

1569 *Schwester Joan geboren*
Weltkarte Mercators

1570 Eröffnung der Londoner Börse

1572 *Schwester Anne geboren (gestorben 1579)*
Bartolomäusnacht (Pogrom gegen Protestanten) in Frankreich; Ben Jonson (Dramatiker), John Donne (Dichter) und Caravaggio (Maler) geboren

1574 *Bruder Richard geboren*

1577 *Vater Johns Finanzkrise, Versäumen von Ratssitzungen, Geldbußen*
Weltumsegelung Sir Francis Drakes

1580 *Bruder Edmund geboren*

1582 *Heirat mit der acht Jahre älteren Anne Hathaway*

1583 *Shakespeares Tochter Susanna geboren*
Giordano Bruno (italienischer Philosoph) in London

1585 *Geburt der Zwillinge Hamnet und Judith*
Richelieu geboren
Zwischen 1585 und 1588: Übersiedlung Shakespeares nach London
1587 Hinrichtung Maria Stuarts
1588 Sieg der englischen Flotte über die spanische Armada; Marlowes Dr. Faustus uraufgeführt;
Thomas Hobbes (Staatsphilosoph) geboren
1589 TITUS ANDRONICUS; DER WIDERSPENSTIGEN ZÄHMUNG
Bürgerkrieg in Frankreich (bis 1598)
1590 DIE KOMÖDIE DER IRRUNGEN; HEINRICH VI. (3 TEILE); ZWEI HERREN AUS VERONA
1591 KÖNIG JOHANN; ROMEO UND JULIA
1592 RICHARD III.
Vater John angezeigt wegen Fernbleibens vom Kirchbesuch
Robert Greenes Pamphlet gegen Shakespeare; Pest in London
1593 VERLORENE LIEBESMÜH;
VENUS UND ADONIS (VERSDRAMA)
Tod Marlowes; Theaterschließung wegen Pest
1594 EIN SOMMERNACHTSTRAUM; RICHARD II.;
LUCRETIA (VERS-EPOS)
Shakespeare wird Teilhaber der „Lord Chamberlaine's Men" (Schauspieltruppe)
1596 DER KAUFMANN VON VENEDIG; HEINRICH IV. (2 TEILE)
Tod des Sohnes Hamnet; John Shakespeare erhält Adelsprädikat („Gentleman")
Descartes geboren
1597 DIE LUSTIGEN WEIBER VON WINDSOR
Hauskauf (New Place) und Grundstückserwerb in Stratford
Armengesetze (Poor Laws) erlassen
1598 VIEL LÄRM UM NICHTS; WIE ES EUCH GEFÄLLT

Lob Shakespeares in Francis Meres Schrift „Paladis Tamina“, Kultstatus als Dramatiker;
Edikt von Nantes (Religionsfreiheit für französische Protestanten); Tod Philipps II.

1599 HEINRICH V.; JULIUS CÄSAR; HAMLET
Eröffnung des Globe-Theaters; Cromwell geboren

1600 WAS IHR WOLLT
Verbrennung Giordano Brunos als Ketzer in Rom; Erfindung des Fernrohrs durch Galilei

1601 TROILUS UND CRESSIDA; ENDE GUT, ALLES GUT
Tod John Shakespeares; Aufstand des Grafen Essex gegen Elisabeth I.; Hochverratsprozess, Hinrichtung von Essex

1603 MASS FÜR MASS; OTHELLO
Tod Elisabeths I.; Jakob (James) I. wird König von England, Irland und Schottland; Umbenennung der Theatergruppe in „King's men“

1605 TIMON VON ATHEN; KÖNIG LEAR
„Schießpulverkomplott“ gegen König und Parlament scheitert; Cervantes „Don Quixote“ erscheint

1606 MACBETH; PERIKLES
Susanna Shakespeare wegen Fernbleiben vom Gottesdienst angezeigt; Rembrandt geboren

1607 ANTONIUS UND CLEOPATRA
Heirat Susannas mit Arzt Dr. John Hall in Stratford; Tod des Bruders Edmund (Schauspieler) in London; Monteverdis „Orfeo“ (Oper); erste englische Kolonie in Virginia

1608 CYMBELINE; CORIOLANUS
Geburt der Enkeltochter Elisabeth Hall; Tod der Mutter Mary; Übernahme des „Black friars“-Theaters

1609 Veröffentlichung der SONETTE

1610 DAS WINTERMÄRCHEN; DER STURM
Rückkehr nach Stratford;

Galilei entdeckt Jupitermonde

1612 Heinrich VIII. (mit J. Fletcher)
Bruder Gilbert gestorben; Shakespeare in London Prozesszeuge

1613 *Bruder Richard gestorben; Hauskauf in Stratford;*
Brand des „Globe“

1616 Tochter Judiths Heirat mit Weinhändler Thomas Quincey, beide kurz darauf exkommuniziert; Testamentsänderung
25. April: Begräbnis Shakespeares in Stratford (Tod vermutlich am 23. April)
Tod Cervantes in Madrid;
Kopernikanische Schriften verboten

1623 *Anne, Shakespeares Frau, gestorben*
Veröffentlichung der ersten Folio-Ausgabe (Gesamtwerk der Dramen) durch Schauspielerkollegen